合同会社
設立・登記・運営がまるごとわかる本

【第2版】

「合同会社まるごとわかる本」プロジェクトチーム 著

日本法令®

第2版 はじめに

本書を手にとっていただき、ありがとうございます。

本書の初版は、おかげさまで重版されたり、読者から「本書をバイブルとしたおかげで合同会社が設立できました」という感謝の手紙が寄せられたりと、大変好評をいただきました。

平成18年の会社法施行以後、合同会社は年々増加し続けています。初版にて「合同会社はこれからますます増えていくと考えられます」と書いたところ、その後平成30年から令和3年までの3年間で、合同会社の年間設立数は約8千件増加しました。統計によれば、令和3年時点で、新設会社の4社に1社が合同会社とのことです（法務省統計情報）。合同会社はますます身近な会社形態になったといえるでしょう。合同会社には、株式会社と比較してさまざまなメリットがありますので、これからも設立されていくものと思われます。

本書では、合同会社設立に必要な手続を網羅しています。設立に必要な書類や記載例を載せていますので、本書を読めば合同会社の設立手続がまるごとわかる内容となっています。また、「明神謙太郎」という架空の人物が合同会社を設立し、設立後1年までのあれこれを、会話を交えて解説するストーリー形式となっています。そのため、実際の設立手続をイメージしながら読み進めることができるでしょう。これから会社の設立を考えている方や設立を支援する士業の方は、スムーズな会社設立や支援のために、本書をお役立てください。

第2版では、行政が進める印鑑廃止に伴い押印が不要となった箇所を見直すなど、最新の法制度を反映した情報へのアップデートを行いました。

本書は多数の中小企業診断士が執筆し、司法書士、税理士、社会保険労務士が監修を行っています。本書制作にあたっては、たくさんの方々から意見と協力を頂戴し、構成・執筆を行いました。みなさまには、この場を借りて御礼申し上げます。

令和5年2月吉日

「合同会社まるごとわかる本」プロジェクトチーム

『合同会社設立・登記・運営がまるごとわかる本』

第2版

CONTENTS

本書の記載情報は、令和5年2月時点のものです。

第1章 合同会社設立を思い立ったら

第1章 設立を決意

第2章 設立計画

第3章 定款作成

第4章 登記手続

第5章 届出一切

第6章 設立後1年

第1節 個人事業主と法人の違い

第2節 株式会社と合同会社の違い

登場人物紹介

明神謙太郎（みょうじんけんたろう）

製造業の経理課に勤めるサラリーマン、33才。

千葉県郊外在住。妻（まりえ）と2人暮らし。

趣味なし、インドア派。

給料が若干安いことが悩みだが、それ以外はとくに不満はない。

数年前、大学時代の中国人の友人と共同で、越境EC（海外消費者を対象としたインターネット通信販売）を始める。

明神まりえ（みょうじんまりえ）

女性ビジネス誌を中心とした文筆業、30才。

謙太郎の妻。

おっとりしているが芯が強く、優柔不断な謙太郎と違い決断力がある。

大学時代に中国留学経験あり。

浅岡英史（あさおかえいし）

中小企業診断士、39才。

起業支援・事業再生などを手掛ける。

明神と同じ会社に勤務していたが、5年前に独立。

プロローグ

(1) 順調な個人事業

千葉県郊外の自宅で、その青年——明神謙太郎は妻のまりえとともに、自らが運営するECサイトの売上を確認していました。副業で「越境EC」を始めて数年。最初の頃ほど日々の売上に一喜一憂することはなくなりましたが、それでも新商品を販売開始したときの結果はやはり気になるようです。さて今月はどうだったのでしょうか。

明神：よし、今月はこれでいけるな。
売上目標達成だ！

まりえ：すごいじゃない。
最近調子がいいわね。

明神：ああ。売上は結構伸びてきているよ。
うーん、燃えるなあ！

まりえ：さすが経理の謙ちゃん！
お金の扱いはお手のものね。

明神
おう、任せとけって！
……まあ経理はとくに関係ないけどね。

まりえ
でも、始めた頃はとんでもないセンスの商品を仕入れていたわよね？

明神
そ、それを言われると……。そうだね、まりえのアドバイスを試してから、売れ筋商品が固まってきたんだ。売上が伸びたのはまりえのおかげだなあ。

まりえ
そうよ、感謝してよね。謙ちゃん、なんだか最近イキイキしてるね。商売繁盛、大歓迎！
商品の梱包や出荷もじゃんじゃん手伝うからね。

明神
ありがとう！

まりえ
でも私、ちょっと気になってることがあるの。本業の片手間にお小遣い稼ぎで始めたけれど、今年はかなり売上が増えてきたじゃない？
今までと同じやり方でいいのかしら？

明神
そうだね。そこは僕も気になっていたんだ。ちょうど今日、浅岡さんと飲みに行くから、相談してみるよ。

(2) 先輩から法人化のすすめ

その日の夜、明神は元先輩の「浅岡英史」と久しぶりに再会し、行きつけの居酒屋で互いの近況話に花を咲かせていました。浅岡は、入社時から明神の面倒をみてくれた先輩です。5年前に中小企業診断士の資格を取得したのを契機に退職して独立しましたが、その後も交流が続いており、明神はしばしば相談に乗ってもらっていました。

浅岡：明神。そういえば、ネットビジネスの調子はどうだい？　中国向けのインターネット通販だったっけ？

明神：それがですね……ムフフフ、結構うまくいってるんですよ！

浅岡：すごいじゃないか！　明神には商売の才能があったんだな。やっぱり経理が専門だから、お金の扱いはお手の物かな。

明神：あ、妻と同じこと言ってる（笑）。まりえにも褒められたんですよー！　でも、経理は関係ないですよ。

浅岡：いま新婚だもんな。俺にもそんな初々しい時期があったなあ。
で、これからそのビジネス、どうするつもりなんだい？

明神：そこなんですよ、浅岡さん。相談に乗ってくれませんか？　売上が増えてきたのは嬉しいんですけど、このままのやり方でいいのか、漠然とした不安があって……。

浅岡　ふむ、なるほど。それならまず、明神が思い描くビジネスのビジョンを聞かせてもらおうかな。

明神　はあ、ビジョンですか。売上とか利益目標ですか？

浅岡　まあ、それらもそうだけど……もっと、これからどんな仕事にしていきたいか、そういう夢はないのかい？

明神　夢……ですか。そうですね。
僕はこれまでサラリーマンとして決まった仕事をこなす毎日だったから、どうやって仕事を進めていくかなんて、真剣に考えたことはなかったんですけど……。

浅岡　うん。

明神　『売上をもっと伸ばしていきたい』気持ちはあります。今は1人なので限界はありますが、商品のジャンルや仕入先を増やせば、事業を拡張できそうな感触がありますし。

浅岡　ふむふむ。

明神　それに、中国にいる仲間とも話しているんですが、将来的には単なる物販にとどまらず、そこを契機としたインバウンドの観光サポートとか、物販を通じた留学生向けのサービスとか、そんなことまで拡げられるんじゃないかって……。

浅岡
なるほど、おもしろいな。

明神
正直、ワクワクしてるんです！
これまで、これといって熱中できる趣味とかなかったんですけど、このビジネスには熱くなれるっていうか。

浅岡
うんうん。

明神
工夫や取組みの結果が明確に出るからやりがいはあるし、人生で一度きりの30代、せっかくだから何かひとつやり遂げたい、とも思うんです。

浅岡
……なるほどな。

明神
すいません、なんか熱く語っちゃって……。
あれ、なにニヤニヤしてるんですか？？

浅岡
……明神、よく聞いてくれ。
ひとつ提案したいことがある。

明神
？？

浅岡
自分の会社をつくってみる気はないか？

明神
!!

(3) 明神の葛藤

「会社をつくる」という展開に驚く明神でしたが、浅岡の真剣な表情は、それが酔いの席の冗談ではないということを物語っていました。明神はそれをどう受け止めるのでしょうか。

明神：か、会社をつくる!?

浅岡：そう、会社をつくるんだ。EC事業は順調な見通しだし、将来実現したい夢もある。だったら、会社をつくることを検討してみてもいいんじゃないかな。

明神：会社をつくるってことは……、オフィスを構えて、従業員を雇って、社長になるってことですか……？
いやいやいや、僕には絶対無理ですって！
浅岡さん、冗談はよしてくださいよ！

浅岡：冗談なんかじゃないさ、本気だよ。

明神：だって、人を雇えるほど安定した儲けはないですし……。

浅岡：別に初めから人を雇う必要はないよ。オフィスも自宅でいい。そのビジネス、きちんと計画的に売上を伸ばしているんだから、大したものだよ。これは、チャンスだと思うんだ。

明神　でも……。

浅岡　これからさらに売上や利益を伸ばしていきたいのなら、将来的に税金面のメリットも出てくるし、事業を拡大するのならば、法人化した方が融資も得やすい。まあ、詳しくは事業計画を詰めたうえでの判断になるけどな。よければシラフの場で、一度しっかり話を聞くぞ？

明神　ええと……浅岡さんは、そういう仕事もしているんでしたっけ？

浅岡　ああ。『中小企業診断士』は、大抵の事業の手伝いはするからな。創業支援も何度か取り組んだことがあるよ。

明神　そうなんですね……。
まあそりゃ、サラリーマン以外の人生も考えたことはありますし、こういう仕事一本で食べていけたらいいなと思ったこともなくはないですけど……。

浅岡　そうか。もし、いつかやろうと思っているのなら、そのいつかは今かもしれないぞ。

明神　今……ですか？

浅岡：俺だって、つい5年前まで明神と同じ職場でサラリーマンやってただろ？　会社を辞めて、士業として独立するとき、そりゃ悩んださ。なんせ家族のこともあるしな。だから、『独立した方がいい』とは言わない。
でも、せっかく人生に新しい可能性があるのに、気づかないまま終わるというのももったいない。もし、少しでもその気があるなら、一度真剣に考えてみてもいいんじゃないかな。俺もしっかりサポートするからさ。

明神：浅岡さんにそう言われると……。でも、まりえがどう思うかな？　『バカ！　仕事辞めて自分で会社始めるなんて！　そんなリスクの高いことやめてよね！　もう嫌い!!』なんて言われたら……。うぅ……。

浅岡：おいおい、待て待て。すぐに仕事を辞めろと言ってるわけじゃないぞ。明神の会社は兼業だって認めているしな。一度落ち着いて考えてみてからでいい。しっかり事業性を見極めたうえで、やはり法人化しない方がいいという判断だってある。
だけど、人生にチャンスはそう何度もあるもんじゃない。軽々しい判断はよくないが、機会は見極めるべきだと俺は思うぞ。

明神：な、なんだか急すぎて、頭が追い付いてないっす……。

浅岡：ま、そりゃそうだ。これは大事なことだからな。自分の気持ちを確かめるためにも、一度奥さんと2人でよく話し合ってみたらいい。詳しい話はそれからだ。

(4) 家族との相談 ～描く未来像～

思ってもいなかった展開に混乱する明神でしたが、一方で、浅岡の言葉に奮い立っている自分がいることにも気がついていました。自らの手でビジネスを作り出すことの喜びを知った１人の青年は、強い葛藤を抱えて帰路につき、翌朝、妻にそのことを相談したのでした。

明神
そんなわけで、浅岡さんに『会社をつくってみないか』って言われたんだ。

まりえ
ええ!?　会社をつくる話になっちゃったの？

明神
うん。そうなんだ。まりえはどう思う？

まりえ
すごいじゃない！
浅岡さんは、謙ちゃんの商売の才能を認めてくれたのね。私も、どんどん売上を伸ばす謙ちゃんをみて、頼もしいなって思ってたのよ。

明神
え、そうなの？
てっきりもっと、ビックリしたり、反対したり（あと離婚を切り出されたりとか）するのかと思ってたよ。

まりえ
もちろん、本当に会社をつくるのがいいのかなんて、私にはわからないけどね。でも、謙ちゃんが新しいことにチャレンジするのなら、私は応援したいと思うよ。

明神
そうか……。
そんな風に思ってくれていたんだね。

まりえ
謙ちゃん自身はどうしたいの？

明神
うーん……。正直、浅岡さんに言われたときはビックリしたし、そんなの無理だって思ったよ。でもその一方で、『やったらどうなるんだろう』って想像して、ワクワクしている自分もいたんだよね。

まりえ
ふ～ん。

明神
事業は順調だし、不安ではあるけれど、多分やっていけるだろうという感触もある。会社をつくって事業の幅を拡げられたら、これまで『できたらいいな』って考えていた事業のアイデアも実現できるんじゃないかって。

まりえ
いろいろ考えてたもんね。

明神
サラリーマンの僕にとっては絵空事だと思っていたこと、それが実現できるかもしれない。
そう思うと、不安と楽しみが混ざったような、そんな感じがするんだ。

まりえ
ふふふ。なんだか今の謙ちゃん、楽しそうだよ。

明神 え？　そ、そうかな？

まりえ そうだよ。だからいいじゃない。浅岡さんは相談に乗ってくれるって言ってるんでしょ。まずは一度相談してみて、そのうえでどうするか考えようよ。

明神 たしかに。そもそも、なぜ会社をつくった方が事業を拡げやすいのか、正直まだ、あまりよくわかってないからね。

まりえ そうそう。今だって個人事業主としてちゃんと事業はできているわけでしょ。会社をつくると何が違ってくるのか、そのあたりはちゃんと確認してきてよね？
社長さん！

明神 ……って、気が早いよ！

その日、明神は浅岡に連絡をとり、また会う約束をしました。

さて、明神謙太郎という青年による会社設立は、ここから始まることとなります。彼が無事ひとつの会社をつくり上げ、夢をかなえることができるのか、どうぞ最後までお付き合いください。

第1節 個人事業主と法人の違い

明神：浅岡さん、妻に相談したら、僕のビジネスを応援すると言ってくれました！
でも、会社をつくるといっても……、やっぱり何だかハードルが高いんですよね。手続とかも正直しんどそうで、費用もかかりそうだし……。

浅岡：たしかに、会社をつくるときにはいろいろなコストがかかる。『法人』という新たな法律上の人格をつくるわけだからな。一方、個人でやっていく分には、ほぼ費用はかからない。

明神：じゃあ、会社をつくるのって面倒なだけじゃないですか。

浅岡：とはいえ、会社をつくって対外的な信用を得ると、仕事の受注や人の採用をしやすいんだ。それに、銀行から融資を受けやすくなったり、社債を発行したりと、資金調達もしやすくなる。わざわざ費用を出し、面倒な手続をして、会社をつくるだけの理由があるってわけだ。

明神：なるほど……。事業を拡大していくことを考えると、会社をつくった方がメリットがあるってことですか？

浅岡　その通り。『将来的にはビジネスを拡げていきたい』って話してくれたね？

明神　はい。もっとチャレンジしてみたいです！

浅岡　それなら、会社をつくるときの費用だけでなく、会社を大きくしていくことも考えて判断した方がいい。今のまま個人事業主を続けた場合と、会社をつくって法人になった場合の違いを比べてみよう。

第１節では、個人事業主と法人の違いについて概要を解説します。

(1)　個人事業主か法人か

個人事業主と会社をつくることの違いを端的に表すと、事業を個人で行うか、法人という別の人格をつくって行うかの違いです。

個人事業主は個人の活動として事業を行うので、経営上の自由度が高い反面、その責任はその個人に帰属します。

一方、会社をつくって事業を行うときは、法人が事業の主体です。財産を所有したり、契約を行ったり、課税の対象になったりするのは、その個人とは切り離された法人になります。個人事業主に比べて経営上の制約もありますが、その分さまざまなメリットがあります。

(2)　手続と費用

個人で事業を開始するとき、契約や売上を得るのはその人個人になりますので、基本的に税務署に「私が事業を行いますよ」という簡単な届出（開業届）を行うだけで事業を開始することができます。費用もほぼ発生しません。

一方で、法人として事業を開始するときは、単に事業を開始することだけでなく、「法人」という新しい人格をつくるための手続を行わなければなりません。そのために会社設立の登記をし、それに関わるさまざまな書類を関連する役所に提出します。この登記には少なくとも10万円前後の費用が発生します。

詳細は**第2章**を参照してください。

(3) 法人のメリット

このように、会社設立（法人化）は、手続の手間も費用もかかりますが、もちろんメリットもあります。

たとえば、**税制上の優遇**です。会社を設立することで経費として計上できる費用の範囲が広がったり、個人事業主よりも過去の赤字を繰り越せる期間が長かったりするケースがあるので、税額が少なくなることがあります。

加えて、**税率**にも違いがあります。個人事業主の所得税はサラリーマンなどと同様に、所得が大きくなるにつれて税率が高くなる累進課税です。対して、法人にかかる法人税は固定税率ですので、所得額が一定額以上のときは、累進課税の所得税よりも低い税率になる場合があります。

また法人は、一般的に、個人事業主の場合よりも銀行や取引先などからの**社会的信用**を得やすいといわれています。これは、個人の財産と会社の財産が明確に分けられ、会計処理が適切に管理されていると考えられているからです。

このように考えると、個人事業主は開業時に費用と手続がほぼ不要であり、所得が低い場合の所得税は法人税よりも低い税率となるため、規模が小さい事業の場合はメリットがあるといえます。一方で、設立の手間や費用はかかりますが、事業を永く続け規模を大きくしようと考えるときには、税制上の優遇措置もあり第三者からの信用も得やすいため、法人化した方がメリットがあるといえるでしょう（資料1－1）。

資料1－1　個人事業主と法人の比較

項目		個人事業主	法人
設立	手続	簡単	複雑
	費用	低い	高い
	登記	不要	必要
税務	優遇措置	少ない	多い
	経費にできる範囲	狭い	広い
経理	会計処理	簡易的な記帳でも可	厳密な処理が必要
	決算期	12月	自由に設定
事業内容の変更		自由に変更	定款の範囲内で変更
信用力		低い	高い

第2節 株式会社と合同会社の違い

浅岡　……うん、事業状況と今後の市場見込みをみる限りでは、法人化をする意義は充分ありそうだ。あとは、明神自身の判断次第だけど……どうする？

明神　……やっぱり僕は、会社をつくろうと思います。そういうことで、せっかくだから浅岡さんも株主になりませんか？

浅岡　そうか、会社をつくる気になったのはわかったけど、なんかいろいろと勘違いしてるな。そもそも会社の種類は株式会社でいいのかい？

明神　え？　株式会社じゃないなら有限会社ってことですか？　たしか有限会社はもうつくれないって聞きましたよ。浅岡さん、そんなことも知らないんですか？

浅岡　……会社の形態はいろいろあってな。たしかに会社法が変わり有限会社はつくれなくなったけど、営利目的の会社には、株式会社の他にも“合同会社”という会社形態があるんだ。他にも合名会社や合資会社なんて会社形態もあるが、今回は考えなくていいだろう。

明神　合同会社？
なんですかそれ、聞いたことないんですけど。

浅岡：そうか、最近では割と増えてきたんだけどな。有名なところだとGoogle、Amazon、Appleの日本法人はすべて合同会社なんだぞ。
よし、今から説明していくから、自分のビジネスの目標とかやっていきたいことを想像しながら、聞いてほしい。

明神：はい！

第２節では、株式会社と合同会社の違いについてみていきます。主に設立時の初期費用および維持費用、設立に要する期間や手間、運営していくうえでの違いを比較します。

(1)　費用の比較

ア）設立時の初期費用

まずは費用面として、設立時の初期費用を比較します（資料１－２）。

株式会社では、初期費用は18～25万円程度かかります。内訳は、収入印紙代で４万円（ただし電子定款の場合は無料）、定款の認証手数料で３～５万円（資本金の額による）、定款の謄本手数料で２千円程度、登録免許税で最低15万円です。

一方、**合同会社**では、初期費用は６～10万円程度で済みます。内訳は、収入印紙代で４万円（ただし電子定款の場合は無料）、登録免許税で最低６万円です。

資料1－2　設立時の一般的な初期費用比較（資本金100万円の場合）

初期費用	株式会社	合同会社	備　考
収入印紙代	¥40,000-	¥40,000-	電子定款なら不要
定款の認証手数料	¥40,000-	¥0-	
定款の謄本手数料	（約）¥2,000-	¥0-	1ページ ¥250-
登録免許税	¥150,000-	¥60,000-	最低課税金額
合　計	¥232,000-	¥100,000-	

イ）設立後の維持費用

続いて、設立後の維持費用（ランニングコスト）を比較します（資料１－３）。

株式会社では、会社を維持するために１年間あたり最低でも14万円程度かかります。内訳は、決算公告費で7.4万円程度（官報公告の場合）、法人住民税（均等割）で７万円程度です。

決算公告費とは、株式会社における決算を公告する義務にかかる費用のことです。株式会社の場合、必ず行わなければなりません。

法人住民税（均等割）とは地方税の一種で、法人である以上は、赤字であれ黒字であれ、支払う必要のある税です。

さらに、**重任登記費**（役員の任期（たとえば取締役は２年、監査役は４年）が終了するたびに必要となる登記の登録費用）が発生したり、会社名や本店所在地などの登記内容を変更する場合は**登記変更費**が都度３万円ほど発生したりします。

一方、合同会社では、決算公告費や定期的な重任登記費が不要のため、法人住民税の７万円程度で済みます。ただし、登記内容を変更する場合は、株式会社と同様に登記変更費が（原則として）３万円ほど発生します。

資料1－3　設立後の維持費用比較（前年度で赤字の場合）

維持費用	株式会社	合同会社	備　　考
決算公告費	¥74,331 ～	¥0-	官報公告の場合
法人住民税（均等割）	¥70,000-	¥70,000-	事業年度が一年の場合 ※都道府県・市区町村によって税額は異なる
重任登記費	¥10,000-※	¥0-	※資本金の額が1億円超の場合は¥30,000-
登記変更費	¥30,000-	¥30,000-	登記事項を変更する都度（原則）

（消費税は考慮外とする）

(2)　必要事項と期間の比較

資料１－４は、株式会社と合同会社の設立における必要事項の違いを示したものです。株式会社は９ステップ必要なのに対し、合同会社は５ステップで済みます。合同会社では不要となるのは、次のア）～エ）です。

ア）発起人会の開催【ステップ２】

発起人会とは、出資や会社設立手続を行う人（発起人）が集まり、商号・目的・本店所在地などの会社内容を決める会議のことです。株式会社では、これを定款作成前に行います。１人で設立する場合は不要です。

資料1－4　株式会社と合同会社の設立における必要事項

ステップ	株式会社	合同会社	備　考
1	基本事項の決定	基本事項の決定	会社名、事業目的、本店所在地などの決定
2	発起人会の開催	――	1人で設立or定款で基本事項を定めれば不要
3	定款の作成	定款の作成	
4	定款の認証	――	
5	出資金の払込み	出資金の払込み	
6	設立時役員の選任	――	
7	取締役の調査	――	
8	登記申請	登記申請	
9	登記完了	登記完了	

イ）定款の認証【ステップ4】

株式会社の場合、公証役場において公証人に定款の内容を確認してもらい、定款が正しい手続に従って作成されたことを公的機関に証明してもらう必要があります。

ウ）設立時役員の選任【ステップ6】

株式会社の場合、出資金の払込みが完了した後に再び発起人会を開き、取締役や監査役などの役員を選任する必要があります。

※　定款で設立時役員を定めた場合は、発起人会での役員の選任は不要です。

エ）取締役の調査【ステップ7】

株式会社の場合、出資金の払込みが完了しているか否か、また手続が法令または定款に違反していないか否かなどの事項を調査する必要があります。

登記にかかる純粋な手続の期間として、株式会社はおおむね３～４週間程度、合同会社は２～３週間程度です。準備や営業開始まで含めた全体のリードタイムは、**第２章**を参照してください。

(3) 内部自治の比較

株式会社と合同会社の最も大きな違いは、内部自治の制約の有無です（資料１－５）。内部自治とは、機関設計・利益配分・意思決定を出資者間で定めることをいいます。

機関設計とは、取締役会・監査役会・各種委員会など、会社法で定められた機関をどのように設置するか、その組合せのことです。株式会社においては、機関設計のルールが会社法等で具体的に定められています。一方、合同会社には、取締役や監査役といった役職はなく、定款に特段の定めがない場合、社員（出資者）全員が代表権と業務執行権を有します（定款に定めることで、代表権や業務執行権を一部社員のみに限定することも可能です）。また、会社法の規定に違反しない限り、定款に定めることにより社員総会などの機関を柔軟に設定することができます。

利益配分において、株式会社では出資比率に比例して配分されますが、合同会社では定款で分配割合を自由に定めることが可能です。

意思決定の場面では、株式会社では議決権が出資額に比例するため、株式を多く保有する人物の意見が通ることとなりますが、合同会社では通常、全出資者（社員）の過半数、重要事項の場合は全出資者の同意で決定します。

資料1－5　内部自治の比較

内部自治	株式会社	合同会社	備　考
機関設計	取締役や株主総会必須（法的制約）	代表権・業務執行権を有する社員は必須	合同会社は定款で柔軟に定められる
利益配分	出資額に比例	出資額に関係なく定められる	合同会社は定款で自由に定められる
意思決定	出資額に比例	出資額に関係なく原則過半数	合同会社は定款で自由に定められる

(4)　その他の比較

株式会社の場合は**役員の任期**（株式譲渡制限がある場合は最長10年。ない場合は取締役２年、監査役４年）が満了すると、役員変更登記の必要があり、そのたびに手間と費用がかかります。

会社形態としての**認知度**（社会的信用）は、株式会社の方が高いといえます。とはいえ、合同会社の登記件数も近年増加しており、令和３年度では３万７千件を超えています（株式会社は約９万５千件）。

また、資金調達の観点でみると、株式会社は**株式発行**による大規模な資金調達が可能です。一方、合同会社は、新たな出資者を募り資金調達を行うことは可能ですが、その場合、新たな出資者は資金提供だけではなく役員として経営にも参画することになりますので、実施するのは容易なことではありません。よって、**社債発行**や借入金による資金調達が中心となります（資料１－６）。

資料1－6　その他の比較

	株式会社	合同会社
役員の任期	最長10年	無期限
認知度	高	中
株式発行	可	不可
社債発行	可	可

(5)　まとめ

以上の比較から、**株式会社**は、コストや手間が大きいうえ、運用において法的制約が多いことがわかります。しかし、社会的信用が高く、株式発行による資金調達が可能であることから、事業を積極的に拡大させていきたい場合に適しているといえます。

一方で**合同会社**は、株式会社と比較すると社会的信用はまだ低く、株式発行による資金調達もできません。その代わりに、設立と運営のコストや手間が小さいうえ、運営において内部自治が認められており柔軟な運用ができるので、小規模でも法人格を持たせながらフレキシブルに事業を推進していきたい場合に適しているといえます。

明神：浅岡さん、僕のビジネスは合同会社の方が合っていると思います。

浅岡：同感だな。

明神："合同会社"って名前なのに、1人でもつくれるなんて意外でした。小さく始めることができて可能性は無限大って感じですね。手続が簡単なのも、ズボラな僕にとっては嬉しい限りです。

浅岡：おいおい、待ってくれよ。たしかに株式会社に比べて手続は簡単だけど、法人をつくるんだから準備しなくちゃいけないことはたくさんあるぞ。

明神：そ、そうですよね。ちゃんとできるかな？
浅岡さん、頼りにしてます！

浅岡：もちろん俺もサポートするから、自分でしっかり勉強するんだぞ。ふふ、後輩の会社設立に立ち会えるなんて嬉しいなあ！

第2章 設立計画を立てる

第1章 設立を決意
第2章 設立計画
第3章 定款作成
第4章 登記手続
第5章 届出一切
第6章 設立後1年

第1節 合同会社の設立パターン
第2節 合同会社設立の流れ
第3節 設立計画を立てる

合同会社の設立を決意した明神。すっかりやる気になり、会社の設立方法を調べてみたところ、早速わからないことがいろいろ出てきました。

明神：浅岡さん、合同会社の設立手続をインターネットで調べてみましたよ。

浅岡：おっ！　まず自分で調べるのは、いい心がけだな。

明神：でも、聞いたことのない用語や複雑そうな手続がたくさん出てきて、何から手を付けていいか、正直よくわからないんです……。

浅岡：なるほど。たしかに、サラリーマンには耳慣れない言葉も多いかもしれないな。

明神：そうなんですよ。

浅岡：うーん……『あれこれ悩まず、まずはやってみろ！』と背中を押そうかと思っていたけど、はじめに会社を設立するうえでの全体像を概観しておく方がよさそうだな。

明神：はい。お願いします！

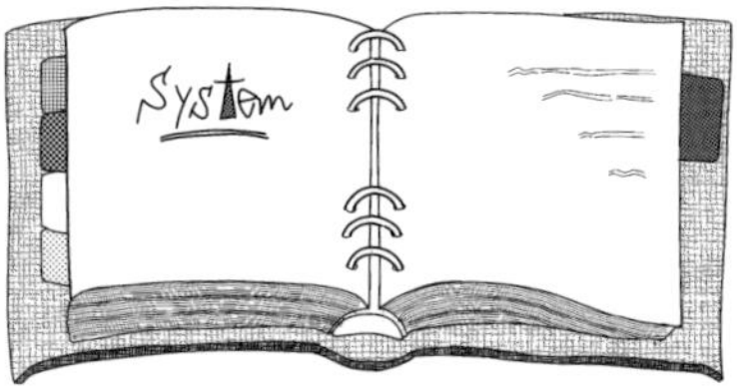

浅岡：まず『合同会社をつくるときにどんなパターンがあるのか』、そして『全体的にどのように進めるのか』、最後に『設立計画の立て方』をみていこう。

「合同会社」は、一般的に最もつくりやすい会社形態といわれていますが、それはあくまで手続の話であって、考えるべきことは考えなければなりません。事業を起こすのですから、「どんな会社名にするのか」「どのような目的の会社にするのか」「どこで営業するのか」「誰かと一緒に経営していくのか」「どんな風に機関を設けるのか」「どのように経営資源を集めるのか」「どんな風にお金を回すのか」「自分や役員の報酬はどうするのか」「人を雇うのか、人を雇うのであればいくらくらい給料を払うのか」「誰から仕入れ、誰に何をどのように売っていくのか」……などを検討していかなければならないのです。

必要な書類を揃えて法務局へ手続に行き、不備がなければ１週間ほどで登記が完了しますが、その後には税務署への手続、保険や年金などの手続、口座の開設、名刺・パンフレット・Webサイトの作成、業種によっては店舗の開店準備なども出てきます。

第１章では、法人化するうえでどのような会社形態があるのか、またそれぞれの形態で費用・期間・手続の各面でどのような違いがあるのかを比較しました。この**第２章**では「合同会社」を選んだことを前提に、合同会社の設立にはどのようなパターンがあるのか、また、設立して営業するまでにどのような段階を踏まなければいけないか、一連の流れを概観していきます。そのうえで、設立計画の立て方をみていきましょう。

第1節 合同会社の設立パターン

明神：先ほど『合同会社をつくるときのパターン』って言いましたけど、書類に必要なことを書いてお役所に届け出る……それだけじゃないんですか？

浅岡：うん。実は、同じ合同会社の設立でも、条件によって手続が少し変わるんだ。

明神：そうなんですか!?　書類はネットの文章のコピペで済まそうと思っていたんですけど……。

浅岡：おいおい、待ってくれよ。ペーパーカンパニーでもつくろうとしているのかい？　本当にビジネスをしたくて会社をつくるのなら、それじゃダメだ。ネットにある情報を参考にはできるけれど、最終的にどのような会社にしたいのかは、自分でよく考える必要がある。

明神：む、難しそうですね……。

浅岡：難しいことはないさ。たとえば、社員1人でつくるのか、複数の社員でつくるのか、自分自身が最終的にやりたいことを見据えたうえで、そういった条件を1つひとつ決めていけばいい。

明神：細かいことはまだ考えてないですけど、とりあえず社員はもう少し軌道に乗ってから雇えばいいかなあ。

浅岡：おっと、“社員”の意味を勘違いしているな！
まあいい、これから説明するから、よーく聞くんだぞ。

合同会社の設立に際しては、社員の人数、法人が社員に参加するかどうか、現物出資の有無などによっていくつかの設立のパターンがあります。この第１節では、これらの前提条件によって具体的な手続がどう変わるかを解説します。

その前に、設立パターンを分けるうえで、「社員と従業員の違い」や、「株式会社と持分会社」の経営への関与方法の違いについて、まず押さえておきましょう。

(1)　社員と従業員の違い

合同会社における「**社員**」とは「出資者」のことであり、一般的に知られている「従業員」の意味とは大きく異なります。社員は株式会社における株主に相当しますが、株主とは異なり、単に資本を出資するだけでなく、経営にも参加します（資料２－１）。

このように、合同会社では「社員＝出資者および経営者」となるため、株式会社のような「所有と経営の分離」がされていません。このため原則は、社員全員が会社の代表者となり業務を執行します。

資料2－1　（株式会社の）株主と（合同会社の）社員の比較

	（株式会社における）株主	（合同会社における）社員
出資の有無	あり	あり
会社の代表権（会社を代表する権利）	なし	（原則として）あり
経営への参画（業務の執行）	（原則として）できない	（原則として）できる

合同会社では、社員が複数名いる場合は、その中から業務を執行する社員を限定することができます。これを「**業務執行社員**」と呼び、株式会社における取締役に相当します。

さらに、業務執行社員の中から法人としての取引や意思決定を行う、合同会社を代表する社員を選出することができます。この社員のことを「**代表社員**」と呼び、株式会社における代表取締役に相当します。なお、これらは立ち上げのときに関わってくる機関です。

また、株式会社において一般的に使われる「代表取締役」の表記については、合同会社における役職ではないため、定款や契約書において使用することはできません。ただし、代表社員という言葉は、従業員の中の「代表者」のように誤解を持たれる場合もあるので、一般的な呼称として「社長」を使う場合もないこともありません。

名刺などの対外的な表記に関しては、「代表社員」もしくは「代表」や「CEO」などと記載した方が無難です。

(2) 株式会社と持分会社の違い

会社法では、株式会社の他に、合同会社・合名会社・合資会社の3社を「持分《もちぶん》会社」として規定しています。

株式会社では出資者である株主が保有する権利を「株式」と呼びます。具体的には会社を所有する権利のことですが、こういった株式に相当するものを、持分会社では「持分」と呼びます。これは、持分会社において、出資者である社員という地位を表すものです。

株式会社の特徴として、理論的には株主が直接経営に関与することはなく、株主総会を通じて重要事項に関する意思決定にのみ関与する「所有と経営の分離」が挙げられます。

ただし、事業規模の拡大のためには、不特定多数の出資者からできる限り多くの資本を集めることになるため、場合によっては株式を多く保有している株主の発言力が強くなるという事象が起こることになります。

一方で持分会社は、少人数の信頼関係のある者だけが出資し、共同で事業運営を行うことを前提にしています。事業規模の拡大よりも、出資者間の個人的な信頼関係を重視しています。

以上を踏まえて、両者の違いを整理すると資料２－２となります（あわせて**第１章**の第２節（23～29頁）もご参照ください）。

資料2－2　株式会社と持分会社（合同会社）の比較

	株式会社	持分会社（合同会社）
設立費用	高い（約18万円～）	安い（約6万円～）
所有と経営の分離	あり	なし
代表者の名称	代表取締役	代表社員
会社機関の設計	一定の制約がある（株主総会の開催や取締役の設置など）	定款によって自由度の高い設計が可能
役員などの任期	任期あり	任期なし
利益配分	出資比率に応じて配分される(注1)	自由に決めることができる
株式の上場	できる（任意）	できない
決算公告	あり	不要(注2)

（注1）　種類株式（権利内容に違いのある株式）および属人株式（株主ごとに異なる取扱いが可能な株式）により配分に傾斜をつけることは可能。

（注2）　合同会社では決算公告の義務はないが、公告方法は登記事項であるため、官報を選択する場合が多い。

(3) 主な設立パターン

資料2−3 合同会社の主な設立パターン

●１人で設立する ➡ ア)

●複数名で設立する ➡ イ)

●法人が社員に加わる
➡ ウ)

●現物出資を行う（パソコンや備品など）
➡ (4)

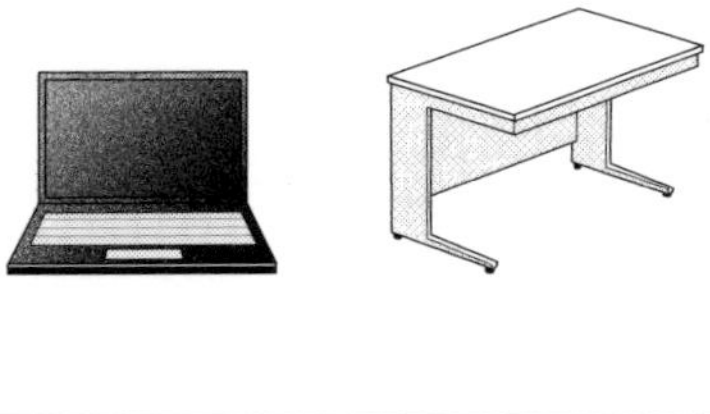

ア）１人で設立する

合同会社を１人で設立する場合、その組織構成は非常にシンプルです。社員は１人だけですので、必然的に業務執行社員と代表社員を兼ねることになります。

意志決定についてもすべて１人で決められるため、事前の調整などを必要とせず、スピーディーに進めることができます。利益配分についても、そもそも社員が１人だけですので、決める必要すらありません。

資金面で比較的余裕があり、自分自身の考えで事業を始めたい場合は、１人で設立するパターンがおすすめです。

イ）複数名で設立する

複数名で設立する場合は、組織構成をどうするかを決める必要があります。具体的には、代表社員や業務執行社員を全員にするのか、もしくは一部の社員に限定するのかを決めます。

また、意志決定のしくみについても検討が必要です。原則は出資比率にかかわらず一人一議決権ですが、定款によって別段に定めることも可能です。重要事項の決定については、出資比率などの基準に応じて議決権を与えることも可能です。

同様に、利益配分についても、何らかの基準に応じて取り決めることになります。

多くの資金が必要な場合や、他者の知見やアイデアを活用したい場合には、複数名で設立するパターンが有効です。

ウ）法人が社員に加わる

合同会社では、法人が社員になることができます。また、株式会社とは異なり、法人が業務執行社員や代表社員になることも可能です。

ただし、その場合は、当該法人の中から実際に業務を行う職務執行者を選出する必要があります。さらに職務執行者の選出後、他の社員に対し、その職務執行者の氏名や住所の周知が必要です。

法人が代表社員になる場合は、職務執行者の氏名や住所の登記も必要です。このため、個人が代表社員になるパターン（**ア)**、**イ)**）よりも、設立登記に必要な書類などが増えますので、注意が必要です。

たとえば、法人が代表社員となる場合では、登記事項証明書に加えて、職務執行者の選任に関する書面および職務執行者の就任承諾書が必要になります。

なお、設立パターンによって、定款の記載内容が異なってきます。たとえば複数名で設立するパターンでは、人数分の社員の住所氏名や出資額などの項目を記載します。一方、1人で設立するパターンでは、記載項目も少なく、シンプルな文面になります。法人が社員に加わるパターンでは、会社名と代表者名および法人の実印（代表者印）の押印が必要になります。

定款の具体的な書き方は、**第3章**の**第8節**および**章末の定款記載例**（124頁～135頁）をご参照ください。

(4) 現物出資を行う

合同会社や株式会社では、金銭以外のものを出資することが可能です。一般的には、パソコンや車などが出資されることが多いですが、ビットコインなどの暗号資産での出資も可能とされています。

また、個人事業主が合同会社などを設立する際に、それまでに事業で使用していたパソコンや什器《じゅうき》などの備品を出資するケースも多いです。

現物出資をする場合には、その内容を定款に記載する必要があります。具体的には、現物出資者の住所と氏名、現物出資物の名称と数量、製造会社名、製造年、製品名、製品型名、製造番号などです（資料2－4）。

資料2－4　定款の記載例（現物出資をするケース）

（社員の氏名、住所、出資及び責任）
第5条　社員の氏名及び住所、出資の価額並びに責任は次のとおりである。
1　千葉県船橋市岩本町一丁目2番19号明神ビル201号室
有限責任社員　明神謙太郎　金300万円
2　千葉県船橋市岩本町一丁目2番19号明神ビル201号室
有限責任社員　明神まりえ　金50万円（内現物出資50万円）
(1)　ノートパソコン　1台
パナソニック　2020年製、CF-LV8KN9VS
製造番号　1KKXXXX
(2)　暗号資産　ビットコイン　○○BTC
時価 ○,○○○円（○○○○年○月○日現在）

さらに、払込証明書など通常の申請に必要な書類に加えて、「財産引継書」「資本金の額の計上に関する証明書」が必要です。

なお、現物出資は所得税における資産の譲渡にあたり、個人側で所得税がかかることがあります。ご注意ください。

それぞれの設立パターン別の、設立登記申請に必要となる主な書類は、資料2－5の通りです。

資料2－5　設立パターン別の主な必要書類（設立登記申請）

設立パターン	必要となる主な書類
①1人で設立する	a）合同会社設立登記申請書 b）登記すべき事項 c）収入印紙貼付台紙 d）定款 e）代表社員,本店所在地及び資本金決定書 f）代表社員の就任承諾書 g）払込みがあったことを証する書面
②複数名で設立する	上記①に同じ
③法人が社員に加わる	上記①に加えて以下の書類が必要 （法人が代表社員となる場合） h）（当該法人の）登記事項証明書 i）職務執行者の選任に関する書面 j）職務執行者の就任承諾書 ※法人が業務執行社員の場合はｈ）のみ必要
④現物出資を行う	上記①～③に加えて以下の書類が必要 k）財産引継書 l）資本金の額の計上に関する証明書

第2節 合同会社設立の流れ

資料2－6　合同会社設立の流れ

準備・検討段階	定款作成段階	登記・届出段階	営業段階
第1章 会社形態を決める	第3章 基本事項を決め、定款を作成する	第4章 登記申請をする	第6章 設立後1年のあれこれ
第2章 設立計画を立てる		第5章 いろいろと届け出る	

浅岡：次に、合同会社設立の流れをみていこう。会社を設立して営業するまでには、大きく4つの段階がある。『準備・検討』『定款作成』『登記・届出』『営業』だ。この4つの段階は、株式会社でも合同会社でも、法人化をするとき必ず通るプロセスなんだ。

明神：そうか、まだ決めなくちゃいけないことが、たくさんあるんですね。

浅岡：設立のしかたによって、手続や出す書類なども変わってくるから、一連の手続をどのように進めるのか、設立計画を立てるといいよ。

明神：たしかに、手続につまずいて会社を設立できなかったら、元も子もないですよね。

浅岡：やらなければならないことを、資料にまとめてきたぞ。

明神：どれどれ、うわあ……やることが盛りだくさんだなあ……。

浅岡：ははは、そうだよな。だけど、これらの手続は、起業家なら誰しも通ってきた道なんだ。これも貴重な経験だと楽しみながら、1つひとつクリアしていくといい。そのために、まず、設立の全体像から把握していこう。

第2節では、合同会社設立の流れを概観しておきましょう。合同会社を設立してから営業するまでには、大きく4つの段階があります。

(1)　準備・検討段階

「準備・検討段階」では、第1節で既にみてきたように、会社の形態を「株式会社にするのか、持分会社にするのか。持分会社にするなら、合同会社にするのか、それとも合資または合名会社にするのか」などを検討します。そのうえで、その会社を「1人でつくるのか、複数人でつくるのか、あるいは他の法人を役員に加えるのか」「出資をどうやって集めるのか」などを決めていきます。

また、設立のしかたによっては、行う手続や出す書類なども変わってくるため、一連の手続をどんな風に進めるという設立計画を立てます。

設立計画は、創業計画とは別のものです。創業計画はどちらかというと、創業後にどのように事業を進めていくかが中心になる一方、設立計画は、会社の営業が開始できる状態になるまで、どのように手続を進めるかを検討していきます。

設立計画がなくても会社は設立できますが、煩雑な手続を漏らさずにやりきるためには、あらかじめ作成しておくに越したことはないでしょう。

(2) 定款作成段階

定款作成段階は、会社の枠組みを決める最も重要な段階です。「会社名は何とするのか」「本店をどこに置くのか」「会社の目的は何なのか」「資本金をいくらにするのか」など、会社を設立するうえで最も基本的な事柄を決めていきます。そして、それを定款に落としこみます。

基本的に、この段階では書類作成がメインになります。

とはいえ、本店をどこに置くのかについては登記申請までに決めておかなければいけないため、現実的にはこの段階が終わるまでに目処をつけておく必要があります。

たとえば、賃貸物件である自宅の住所を本店の住所として登記する場合、賃貸契約書に事務所使用禁止と記載されていないか、この段階で確認しましょう（詳しくは**第3章**の第3節参照）。

(3) 登記・届出段階

この段階では、(2) **定款作成段階**で用意した書類を法務局へ提出します。

面倒くさがらずに、事前相談などで不備がないかをチェックしてもらったうえで、登記の申請を行いましょう。登記申請においては、事前相談ではみつからなかった「てにをは」や句読点レベルのミスなどの修正が入る場合もあります。

申請日から大体１週間くらいで、登記が完了します。これで晴れて、法人の誕生です。

ただし、法務局では申請日に対応した完了予定日を公示しているものの、実際に完了したことをわざわざ連絡してはくれないので、電話などでこちらから確認する必要があります。設立が完了していれば、法務局に足を運んで印鑑カードを受け取り、各種申請に必要な登記事項証明書や印鑑証明書を、数枚取得します。

また、法人化が済んだといっても、本当に会社として機能するためには各種届を出さないとなりません。具体的には、税金や健康保険、年金などの手続があります。

こうした手続は、設立日から３か月以内に終える必要があります。保険や年金はさらに早いので注意しましょう。手続に行かないと一定期間経過後に督促がきますし、青色申告の承認申請書を出していないと欠損金の繰越控除[2-1]などが使えないので、注意が必要です。

(4) 営業段階

公的な手続や法人口座の開設が終われば、手続上は会社が誕生することになりますが、実際に営業を始めるまでには、それ以外のこともやらなければいけません。それが「営業段階」です。

具体的には、名刺・パンフレット・Webサイト設立などの営業準備から、資金調達、経理ソフトの選定、場合により創業融資などの公的制度活用の検討なども必要です。

これら以外にも、準備しておくべき内容は業種業態によって千差万別です。「どういった店舗が必要になるのか」「どういった設備が

2-1　赤字が出た場合、翌年以降に赤字を繰り越すことができるしくみ。

必要になるのか」「どういった人材が必要になるか」「初期投資はどれくらいで、運転資金がどれだけ必要になるか」などは、「創業計画」としてまとめていきましょう。

こうした準備を経て、ようやく営業が開始できるようになります。

第3節 設立計画を立てる

浅岡：どうだい、流れはわかったかな？

明神：はい。流れはわかりました。……けど、実際に自分でやるとなると、必要な作業が漏れそうで怖いですね。

浅岡：そう。だから設立計画を立てるわけだ。

明神：あ～、なるほど。

浅岡：わからないことは、その都度聞いてくれていいから。今の時点で、何か気になる点はあるかい？

明神：そうですね……ええと、手続にどれくらい期間と費用がかかるかは、正直気になります。

浅岡：あはは、そりゃそうだ。それでは説明していこう。

合同会社の設立に際しては、第２節**合同会社設立の流れ**で示した段階ごとに、各種の手続が必要となります。各種の手続をスムーズに行うためには、あらかじめ必要な手続を洗い出し、計画的に手続を進めていく必要があります。この第３節では、計画を立てる際に目安となる期間と費用、申請すべき書類などを解説します。

(1) 期間と費用

合同会社は、おおむね４～５日程度で設立登記が可能です。設立には、10万円程度の費用が必要になります。

ただし、この期間と費用は、事前に必要となる手続が済んでいることが前提であり、実際に会社を設立しようとする場合、考慮すべきことがいくつかあります。それにより期間・費用が変わってくるため、注意が必要です。業種・業態にもよりますが、設立準備から実際に営業が開始できるまでには、最低でも３か月程度の期間がかかると想定した方がよいでしょう。

資料2－7　合同会社設立にかかる期間

段　階	期　間	備　考
準備・検討	1～2か月	
定款作成	1～2週間	電子定款を作成する場合は、準備のため、さらに時間を要する場合がある。
登記・届出	1～2週間	申請してから完了まで、1～2週間（法務局によって異なる）。

資料2－8　合同会社設立にかかる費用

項　目	費　用	備　考
収入印紙代	4万円	電子定款の場合は不要
定款の謄本手数料	2千円程度	1ページ250円
登録免許税	6万円～	

資料2－9　合同会社設立手続等

段　階	手　続　等	概　　要
準備・検討	申請方法決定	紙の定款か電子定款かを決める。
	事務所決定	本店所在地となる事務所を決める。
	商号調査	これから付けようとしている商号が使えるかどうかを調査する。
	基本事項確定	合同会社設立に必要となる基本事項を決める。 ・商　　号 ・目　　的 ・本店所在地 ・資本金額 ・社員構成 ・業務執行社員、代表社員 ・事業年度
	書式作成準備	登記申請に必要なものを準備する。 印鑑証明書、印鑑など
定款作成	定款作成	合同会社の運営の基盤となることを定める。
	資本金準備	資本金となる出資金を準備する。
	提出書類準備	登記申請に必要な書類を準備する。 (3)**申請書類**参照。
登記・届出	登記申請	法務局で登記申請する。
	各種届出の提出	税務署や都道府県税事務所などに必要な届出を提出する。
営　　業	Webサイト準備	Webサイトを作成する場合に、構築するために必要なものを準備する。
	口座開設	金融機関で預金口座を開設する。
	営業準備	名刺や挨拶状を準備する。

ア）申請方法の違いによる期間と費用への影響

合同会社を設立するにあたり、定款の作成方法として、紙で作成する方法と電子定款を作成する方法の２通りがあります。

電子定款を作成する場合は、収入印紙代の４万円が不要になります。しかし、考慮すべきことがいくつかあるため、その点を踏まえて、申請方法を決める必要があります。

電子定款の作成には、ある程度の知識やスキルがないと行えない作業があり、その手間や期間を考えると、必ずしも４万円の削減が安いとは限りません。ただし、電子定款を作成するために必要な作業を行っておけば、のちのち、e-Taxなどにより税務署に行かなくても税務申告などができるようになるため、余裕があれば挑戦してみるのもよいでしょう。

電子定款を作成するには、次の方法があり、それぞれ作成に要する時間・手間・費用が異なります。

①必要な機器を用意し自身で作成
②司法書士・行政書士などの専門家に依頼
③電子定款作成を代行するクラウドサービスを利用

①必要な機器を用意し自身で作成する場合に必要となる期間は、準備を含めると３週間～１か月はかかると想定しておいた方がよいでしょう。電子証明書の取得するためには、まずマイナンバーカードを取得しておかなければならないためです。詳しい手順は、**第３章**の第７節（102頁）をご参照ください。

②司法書士・行政書士などの専門家に依頼する場合や、**③電子定款作成を代行するクラウドサービスを利用**する場合には、最短１日で作成するところもあります。時間、手間をかけずに電子定款を作成する場合は②か③が適しています。

イ）事務所の種類による期間と費用への影響

本店所在地は、定款に必ず記載しなければならない事項です。そのため、合同会社を設立するにあたって、事務所を開設する本店所在地はあらかじめ決めておく必要があります。会社設立時、どこに、どのように事務所を開設するかで、開設するまでの期間や、必要となる費用が変わります。

自宅を本店所在地とする際、マンションなど賃貸借契約の部屋の場合、管理会社の確認に時間がかかることもありえます。

それぞれのメリット・デメリットは**第3章**の**第3節**（78頁）をご参照ください。

資料2－10　事務所開設のパターンと費用

項　目	費　用
自　　宅	なし
バーチャルオフィス	月額5千円程度～
SOHO、シェアオフィス	月額3万円程度～
賃貸オフィス	地域により異なる 家賃の他に、保証金・礼金・仲介料などが必要

ウ）印鑑準備における期間と費用への影響

会社設立にあたって、印鑑は最低限、代表者印が１つあれば事足ります。とはいえ、すべての書類に代表者印を使用するのは現実的ではありませんので、複数の印鑑があった方がよいでしょう。

会社では、資料２－11の４種類の印鑑がよく使用されます。

通販ショップなどでは、１日程度で作成できるところもあります。個別に購入するとそれぞれ費用がかかりますが、会社で必要となる印鑑セットとして２万円程度から用意されています。

それぞれの印鑑の用途など、詳細は**第３章**の第６節（94頁）をご参照ください。

資料2－11　印鑑の種類と費用

印鑑の種類	費　　用	主な用途
代表者印	7千円程度～	代表者が、対外的に会社を代表して重要な契約を締結する際に使用。
銀　行　印	7千円程度～	会社が、預金引落しの契約や手形・小切手に押印する際などに使用。
角印（社印）	7千円程度～	注文書などの社外文書の他、稟議書などの社内文書に押印する際に使用。
ゴ　ム　印	7千円程度～	納品書や領収書など日常業務で頻繁に使用する伝票類に押印する際に使用。

コラム

「捺印」と「押印」の違い

判を押すことを、「捺印」といったり「押印」といったりします。この2つの言葉に違いはあるのでしょうか。実は、姓名の書き方によって変わります。

- 「署名」（手書きでサイン）したものに判を押す場合は「捺印」（署名捺印の省略）
- 「記名」（姓名をプリントアウト等）したものに判を押す場合は「押印」（記名押印の省略）

とされています。普段何気なく使っている言葉ですが、経営者ならこうした違いをさり気なく押さえておきたいところです。

(2) 申請書類

全体像を把握するため、合同会社の設立登記申請に必要な書類をまとめます（詳細は**第４章**の第２節）。

資料2－12　合同会社の設立登記申請に必要となる書類

No.	書　類　名	備　　考
1	合同会社設立登記申請書	
2	登記すべき事項（別紙もしくはCD-R等）	
3	収入印紙貼付台紙	
4	定款（紙もしくはCD-R等）	
5	代表社員、本店所在地及び資本金決定書	
6	代表社員の就任承諾書	
7	払込みがあったことを証する書面	
8	財産引継書	現物出資を行う場合
9	資本金の額の計上に関する証明書	現物出資を行う場合
10	法人の登記事項証明書(注1)	業務執行社員が法人の場合
11	職務執行者の選任に関する書面	代表社員が法人の場合
12	職務執行者の就任承諾書	代表社員が法人の場合
13	委任状	代理人が申請する場合

（注１）　法人が設立会社と同じ法務局管轄であれば添付不要。また、同じ法務局管轄でない場合でも、申請書に当該法人の会社法人番号を記載することで添付を省略できる。

資料2－13　代表者印の届出に必要となる書類

No.	書　類　名	備　　考
1	印鑑（改印）届書	
2	市区町村発行の代表社員個人の印鑑証明書	

No.	書　類　名	備　　考
代表社員が法人の場合（代表社員個人の印鑑証明書に替えて）		
3	法人の代表者事項証明書(注2)	法人代表者と職務執行者が同一の場合
4	法人の代表者印の印鑑証明書(注2)	
5	法人の代表者の保証書	法人代表者と職務執行者が別の場合

（注２）　法人が設立会社と同じ法務局管轄であれば添付不要。また、同じ法務局管轄でない場合でも、申請書に当該法人の会社法人番号を記載することで添付を省略できる。

設立登記が完了し、代表者印を届け出ると、全部事項証明書や印鑑証明書を取得できるようになります。金融機関を含め、各公的機関へ手続する場合には、同時に提出を求められるので、事前に複数枚取得しておきましょう。

資料2－14　税務署へ提出する主な書類

No.	書　類　名
1	法人設立届出書
2	青色申告の承認申請書
3	給与支払事務所等の開設届出書
4	源泉所得税の納期の特例の承認に関する申請書(注3)
5	減価償却資産の償却方法の届出書(注4)
6	棚卸資産の評価方法届出書(注5)
7	有価証券の一単位当たりの帳簿価額の算出方法の届出書(注6)
8	消費税関係の届出書(注7)

（注３）　源泉所得税の納付を毎月支払いから年２回の半年払いに変更する場合に提出。

（注４）　減価償却の償却方法を法定償却方法以外の方法とする場合に提出。

（注５）　棚卸資産の評価を「最終仕入原価法による原価法」以外で行う場合に提出。

（注６）　有価証券の一単位当たりの帳簿価額の算出方法を「移動平均法による原価法」以外で行う場合に提出。

（注７）　新設法人の場合、原則として消費税の納税義務は免除されるが、会社設立時の資本金が１千万円以上で納税義務が発生するときや、課税事業者を選択したいときなどに提出。

資料2－15　都道府県税事務所・市区町村役場へ提出する書類

No.	書　類　名
1	法人設立・開設届出書

資料2－16　年金事務所へ提出する主な書類

No.	書　類　名
1	健康保険・厚生年金保険新規適用届
2	健康保険・厚生年金保険被保険者資格取得届
3	健康保険被扶養者（異動）届(注8)
4	国民年金第3号被保険者関係届(注9)

資料2－17　労働基準監督署へ提出する主な書類

No.	書　類　名
1	労働保険保険関係成立届(注10)
2	労働保険概算保険料申告書(注10)
3	適用事業報告(注11)

資料2－18　公共職業安定所（ハローワーク）へ提出する主な書類

No.	書　類　名
1	雇用保険適用事業所設置届(注12)
2	雇用保険被保険者資格取得届(注12)

（注８）　被保険者に健康保険法上の扶養家族がいる場合に提出。

（注９）　被保険者に一定の範囲の配偶者がある場合に提出。

（注10）　適用労働者を使用する場合に提出。

（注11）　労働基準法の適用事業となったとき（業種を問わず、労働者を使用するに至ったとき）に提出。

（注12）　被保険者に該当する者を使用する場合に提出。

第3章 基本事項を決め、定款を作成する

第1章 設立を決意

第2章 設立計画

第3章 定款作成

第4章 登記手続

第5章 届出一切

第6章 設立後1年

設立計画を立て、一仕事を終えた満足感に浸る明神。しかし、合同会社を設立するためには、まだまだ決めなければいけないことがあります。明神の性格をよく知る浅岡は、行きつけの居酒屋に呼んで、話を聞くのでした。

明神：浅岡さんのおかげで、設立計画も無事に立てられましたし、会社設立も目の前まで来ましたね！

浅岡：おいおい、待ってくれよ。これから計画を実行していくんだから、むしろここからが本番じゃないか。

明神：そ、そうですね……。

浅岡：会社設立のために決めないといけないことが、いろいろあったわけだけど……。

明神：はい。会社名とか。

浅岡：そう。他にも、事業を行う目的や本店の所在地、資本金の額なんかも決めないといけない。

明神：そうでしたね。

浅岡：あとは、会社を設立するときは、定款も作らなくてはならない。

明神
なんだか自信なくなってきました……。

浅岡
そんな不安そうな顔をしなくても、日を改めて1つずつ説明するから大丈夫さ。
まあ、設立計画を立て終わった明神を労って、ここは俺のおごりだ！

明神
まじっすか!?　ごちになります!!
すいませーん、ビールおかわり！

浅岡
相変わらず、立ち直りが早いなぁ（笑）。

第1節 会社名を決める

後日、明神は浅岡の事務所を訪れました。いよいよ、会社設立に必要な事項を、実際に決めるのです。

明神：う〜ん、どうしようかなあ……（ブツブツ）。

浅岡：何をブツブツ言っているんだい？

明神：会社をつくるからには、カッコイイ会社名を付けたいなあといろいろ案を考えてはいるんですけど、なかなか決められなくって。

浅岡：たしかに、会社の顔になるわけだから、社名は重要なことだ。それで、候補に挙がっているのは、どんな会社名なんだい？

明神：えーっとですね、
『まりえ☆謙太郎商店』とか『明神□《スペース》商店』とかを考えてます!!　なかなか良い社名でしょ？

浅岡

……残念だけど、会社名にも気を付けないといけないことがあるんだ。『合同会社』と必ず入れなければならないし、スペース（空白）を使える場合も限られている。まずはその説明をするから、よーく聞いてほしい。

明神

よろしくお願いします！

(1) 会社名を決めるときに心がけるべきこと

会社名は、設立後いろいろな場所で使われることになります。そのため、心がけた方がよい点がいくつかあります。

ア）思いを込める

5年先、10年先、あるいはその先までずっと使っていく会社名です[3-1]。自身の会社のビジョンや強みとするもの、伝えたい思いなどを会社名に込めて考えるのがよいでしょう。

自分の名前を会社名に入れることもできます。

イ）事業内容がわかる言葉を入れる

事業内容がわかるものを会社名に入れると、会社名を見ただけでどういう事業をしているかが相手に伝わります。たとえば、「合同会社○○運輸」というようなものです。他の事業と間違われるような会社名は控えましょう。

3-1　商号の変更は、定款の変更と、商号変更の登記手続により可能。

ウ）長いもの、読みにくいものは避ける

会社名は、自分自身だけでなく、取引先の方々も頻繁に使うことになります。電話で会社名を名乗ったときのことなども考えて、長すぎるものや、読んだり書いたりしにくいものは、なるべく避けた方が賢明です。

(2) 商号を決める際のルール

会社名のことを正式には**商号**といいます。商号を決めるときに、守らなければならないことがいくつかあります。

なお、店舗を持つ事業の場合は、商号と店名を別に持つことも可能です。たとえば、「○○合同会社」は商号ですが、「△△店」は店名です。

ア）会社の種類を必ず入れる

合同会社の場合、商号に必ず「合同会社」と入れる必要があります。入れる位置は前・後のどちらでもよいとされています。合同会社の代わりに「LLC」[3-2]を使うことはできません。また、株式会社と混同する名前も付けられません。

例

○　明神合同会社
×　明神LLC（合同会社の代わりにLLCは使用不可）
×　明神株式会社（合同会社に「株式会社」と記載は不可）
×　明神Co.,Ltd.[3-3]（株式会社に間違われるものは不可）

3-2　LLC……（日本版）合同会社を意味するLimited Liability Companyの略。
3-3　Co.,Ltd.……株式会社を意味する Company Limited の略。

イ）使用可能な文字のみを使う

商号に使用できる文字について、商業登記規則50条（商号の登記に用いる符号）等に定められています。

使用可能な文字

①ひらがな・カタカナ・漢字
②ローマ字（大文字・小文字）
③アラビア数字
④以下の記号
「&」（アンパサンド）
「'」（アポストロフィー）
「,」（コンマ）
「－」（ハイフン）
「.」（ピリオド）
「・」（中点）

上記以外の、たとえば「☆」や「◇」などは使用できません。

また、スペース（空白）は、ローマ字を用いて複数の単語を表記する場合に限り使用できます。この場合、スペースは、半角ではなく全角で登記されます。

例

○　567合同会社（数字だけの会社名は可）
○　合同会社MYOUJIN－KEN（ローマ字やハイフンは使用可）
○　合同会社MYOUJIN　KEN（ローマ字とローマ字の間のスペースは使用可）
×　まりえ☆謙太郎商店合同会社（☆は使用不可）
×　明神　合同会社（日本語と日本語の間のスペースは使用不可）

(3) 商号やWebサイトなどのドメインチェックをする

同一住所で同一商号でない場合、基本的に登記が可能ですが、トラブルにならないよう、登記前に確認しておいた方がよいでしょう。

ア）同一住所で同一商号は登記不可

同一ビル内に他企業が入っている場合は、注意が必要です。

たとえば、明神の自宅「千葉県船橋市岩本町一丁目２番19号」がビルであり、５階と６階で同じ△△合同会社となった場合を考えてみましょう。先に登記している企業が「千葉県船橋市岩本町一丁目２番19号601号」で登記しており、自身が「千葉県船橋市岩本町一丁目２番19号501号」で登記する場合は、登記が可能です。しかし、先に登記している企業が「千葉県船橋市岩本町一丁目２番19号」で登記している場合、まったく同じ住所や、「千葉県船橋市岩本町一丁目２番19号501号」では登記することができません。この場合は、商号を変えるか住所を変える必要があります（資料３－１）。

資料3－1　同じ会社名を登記する場合の登記可能な住所一覧（例）

先に登記がある住所	これから登記しようとする住所	
船橋市岩本町一丁目2番19号601号	×	船橋市岩本町一丁目2番19号601号
	○	船橋市岩本町一丁目2番19号501号
船橋市岩本町一丁目2番19号	×	船橋市岩本町一丁目2番19号
	×	船橋市岩本町一丁目2番19号501号

イ）有名企業と同じ商号の場合

「同一名称、同一住所」でなければ、会社の登記は可能となっています。しかし、問題ないのはあくまで会社法の範囲であり、商標法や不正競争防止法を根拠に、事後的にトラブルになる可能性はあります。

そのため、誰でも知っているような有名企業と同じ商号（たとえば、エルメスなど）は避けるべきです。手間を惜しまず、「商号調査」をした方がよいでしょう。

商号調査は、会社・法人の本店所在地を管轄する登記所（商業登記所）に設置されている専用端末で調べることができます。**オンライン登記情報検索サービス**[3-4]を使用すると、インターネットを経由して商号調査をすることもできます。オンライン登記情報検索サービスを利用する場合には、あらかじめ利用者登録が必要です。

検索サイトなどを利用して商号調査を行う場合、Webサイトを持っていない会社はみつからない場合もあります。検索してその商号がみつからなかったとしても、必ずしも存在しないというわけではないことは、認識しておきましょう。

ウ）Webサイトやメールアドレスのドメインチェック

Webサイトやメールアドレスを作成する際、希望したドメインが取得できない場合があります。商号を検討するタイミングで、先行してドメインを確保しておくと、希望したドメインが取得できないというリスクを減らすことができます。とくにドメイン名は会社だけでなく、あらゆる個人や団体が登録しているため、事前にインターネットで調べた方がよいでしょう。「ドメイン検索」

3-4　https://www.touki-kyoutaku-online.moj.go.jp/web/top/SC01WL01-ViewLoginShogoChosa.do

というキーワードで検索すると、各種プロバイダが提供するドメイン検索サービスがヒットます。

ドメイン検索の結果、希望のドメインが使えないことが判明しても、数字や他の文字を追加することで利用できる場合も多いです。

ドメインには、「.co.jp」「.com」「.info」「.net」など、さまざまなものがあります。これらを利用する際は、年間使用料を事業者に払う必要があります。料金もさまざまですが、年間1,000円～5,000円程度が多いようです。

第2節 事業目的を決める

明神：次は事業目的だ。いろいろやりたいことはあるけれど、まだちゃんと決まっていないから、とりあえず空欄にしておこうっと。

浅岡：いやいや、事業目的は定款に絶対書かないといけないんだ。会社の方向性を決める重要な事項でもあるし、いい加減に考えると後で後悔するぞ？

明神：じゃあ、どうやって決めればいいんですか？

浅岡：ポイントを挙げると、こんな感じかな……。

(1) 事業目的を決めるということ

ア）事業目的とは

「事業目的」とは、自社がどんな事業を行うのか、第三者がわかるように文章で明記したものです。

事業目的は、定款の絶対的記載事項（**第3章**の**第8節**参照）です。定款に事業目的として記載されていない事業は、厳密にはその会社の事業として認められません。設立後に定款変更などで追加・修正することも可能ですが、現時点で不足なく記載することを心掛けましょう。

事業目的の例

- 食料品、食品添加物、飲料品の販売及び輸出入
- 野菜、果物の販売、卸業及び輸出入業
- 一般食料品の製造及び販売
- インターネットによる通信販売業
- インターネットによる物品の販売及びサービスの提供
- インターネット上のショッピングモールの企画、開設、運用及びそれらのノウハウの提供
- インターネットによる通信販売、情報収集及び情報提供

イ）事業目的を決めることで

事業目的を定款等に明文化することは、自社の提供するサービス内容が、他者に伝わることにも繋がります。定款が記載された登記事項証明書は、誰でも閲覧が可能であり、営業先・クライアント・同業他社（後述）から調べられる可能性もあります。

また、自社運営にあたり、従業員間で目標が可視化され、意識が共有される効果が期待できます。

なにより、自身が、自社の事業領域・商品価値・存在意義などをいまいちど深く自問するキッカケとなるでしょう。

(2) 事業目的を決めるときのポイント

ア）申請時に訂正を求められないために

事業目的を申請書類（「定款」「登記すべき事項（別紙もしくはCD-R等）」。**第4章**の**第3節**参照）に記載する際、次の要件を満たしている必要があります。

①**明確性**：意味が明確であること ②**具体性**：具体的であること ③**営利性**：利益を得るものであること ④**適法性**：法令または公序良俗に反するものでないこと

これら要件を満たさない場合、法務局より申請書類の訂正を求められることがあります。

たとえば、事業目的が利益を得るものではない場合、適格性を欠くとみなされかねないのです（③**営利性**）。気をつけましょう。

イ）許認可や届出が必要な業種を確認する

事業の業種によっては、別途、各種行政官庁への許認可や届出が必要になる場合があります。この際、その要件として、特定の事業目的を定款の目的欄に記載することを条件としている業種もあります。事業目的に根拠法や細かい文言まで指定される場合もあるため、二度手間にならないよう、該当する官公庁（建設業であれば管轄の地方整備局、飲食店の営業許可であれば所在地を所管する保健所など）へ事前に問い合わせをすることをおすすめします。

詳細は**第5章**の**第8節**をご参照ください。

ウ）健康保険組合の加入条件を調べる

会社の設立後、健康保険、介護保険の加入が義務づけられています。

加入する健康保険組合によっては、加入に必要な条件として、登記上の目的欄に、組合規定の事業目的と同様の記載が必要です。加入したい健康保険組合の条件と合うよう、事前に調べることをおすすめします。

(3) 同業他社を参考にする

同業他社の登記事項証明書を取得して、自社の事業目的の参考とすることもできます。登記事項証明書には複数の種類がありますが、履歴事項全部証明書（役員や商号の変更などの登記の履歴がすべて記載されている登記事項証明書）であれば、漏れなく情報が取得できるでしょう。登記事項証明書は、最寄りの法務局において申請することで、誰でも簡単に入手することができます。

また、同業他社の登記情報を、一般財団法人民事法務協会「登記情報提供サービス」[3-5]よりインターネット上で取得するという方法もあります。

3－5　https://www1.touki.or.jp

第3節 本店所在地を決める

明神：うーん……？

浅岡：こんどは何が疑問なんだい？

明神：本店所在地なんですけど、自宅じゃだめなのかな～って。

浅岡：自宅を本店所在地にすることは、全然問題ないよ。

明神：そうなんですね！

浅岡：うん。明神の自宅は戸建てだったっけ？

明神：はい！　結婚を機に購入しました！

浅岡：自宅が賃貸マンションだと、大家さんから許可がもらえないこともあるんだけど、それなら心配ないな。

じゃあ、本店所在地は決まりですね！　明神

浅岡　そうだな。ただ、最近はバーチャルオフィスも話題になっているし、一通りの説明はしておくとしようか。

(1)　本店所在地とは

「本店」というと、銀行などの金融機関における本社や、小売業における規模の大きい店舗を想像するかもしれません。

ここでいう法律用語としての**本店**とは、会社が商売を行う際の主軸となる営業所のことで、その本店の住所のことを**本店所在地**といいます。本店所在地は定款に必ず記載しなければならない絶対的記載事項であり、設立登記申請を行う際に法務局に届け出るため、あらかじめ決めておくことが必要です。

本店所在地は、1社につき1か所しか定めることができませんが、郵便物が受け取れる場所でさえあれば、大きな制約はありません。会社専用のビルやオフィスを用意する必要はなく、状況に合わせて代表社員の自宅を本店所在地にすることも可能です。

本店所在地は、登記上と定款上で、書き方に異なる点があります。

ア）設立登記における本店所在地の記載

設立登記における本店所在地は、具体的な所在地番号まで記載する必要があります。その際、ハイフンを使用した簡略的な表記ではなく、住居表示による住所の表記で記載しなければなりません。

ビルやマンションの一室を本店所在地とする場合、対象となるビルやマンション名とその部屋番号は、記載しても記載しなくてもかまいません。ただし、ビルやマンションに多くの会社や住人がいる場合には、郵便物が届かないおそれがあるため、ビル名や部屋番号まで記載することをおすすめします。

設立登記における本店所在地の記載例

× 千葉県船橋市岩本町１―２―19
○ 千葉県船橋市岩本町一丁目２番19号
○ 千葉県船橋市岩本町一丁目２番19号明神ビル
○ 千葉県船橋市岩本町一丁目２番19号明神ビル201号室

イ）定款における本店所在地の記載方法

定款における本店所在地は、最小行政区画（市区町村）まで記載すればよいとされています。

定款における本店所在地の記載例

○ 当会社は、本店を千葉県船橋市におく。

上記例のように、定款には本店の最小行政区画までを記載し、本店所在地決定書によって具体的な所在地番号を定めることができます。この場合、仮に本店が同一市区町村内で移転することがあっても、定款の変更手続は不要です。

もちろん、「当会社は、本店を千葉県船橋市岩本町一丁目２番19号におく」のように、具体的な所在地番号を定款に記載することも可能です。しかし、この場合は、本店が同一市区町村内で移転した場合でも都度定款の変更手続が生じるため、定款には最小行政区画までを記入することが多いようです。

(2) 本店所在地を決めるときの注意点

ア）賃貸不動産を本店所在地にする場合

(1)の通り、本店所在地は代表社員の自宅を会社の本店として登記することができます。自宅として借りている賃貸マンションやアパートであっても、登記することは可能です。法務局で登記申請を行う際に、賃貸借契約書などの資料の提示を求められるようなことはありません。

しかし、賃貸マンションやアパートを居住用として借りている場合、賃貸借契約書に事業としての利用を禁止していることがあります。自宅として利用している賃貸不動産を本店所在地とする場合には、事前に賃貸借契約書を一読し、大家さんや管理会社に、自宅を会社の本店所在地にして問題ないかを確認しましょう。

会社の設立登記を行うと、会社宛てにさまざまな郵便物が届きます。そのため、大家さんや管理会社に確認を怠った結果、これらの郵便物から事業として自宅を利用していることが発覚し、本店所在地の移動を命じられることも考えられます。

また、分譲マンションにおいても、管理規約で事業用の使用を禁止している場合があります。「そんな契約書や規約は法律違反だ」と突っぱねるケースもあるようですが、無用なトラブルを予防するためにも、確認して損はありません。

イ）バーチャルオフィスを本店所在地にする場合

本店所在地は、代表社員の自宅や実際の営業拠点から離れていたとしても、登記上は問題ありません。そのため、実際の仕事は自宅などで行い、会社設立のために必要となる事業上の住所を借りて、本店所在地として設立登記を行うことも可能です。

このように、実際の営業所としては利用せず、事業を開始する際に必要となる住所や電話番号などをレンタルサービスで代用した架空の営業所をバーチャルオフィスといいます。

バーチャルオフィスは、費用を抑え、すばやく起業することができるなどのメリットがあります。一方で、バーチャルオフィスは犯罪収益移転防止法[3-6]における規制対象となっているため、金融機関によっては、バーチャルオフィスでは口座開設ができないというデメリットもあります。バーチャルオフィスを本店所在地にする場合には、事前に金融機関へ出向いて、あらかじめ確認する必要があるでしょう。

また、本店所在地の見栄えをよくするために、東京都心部にバーチャルオフィスを借りるケースもあります。しかし、税務署や社会保険事務所の管轄は本店所在地が基準となるため、居住所と離れている場合は事務手続が煩雑になってしまいます。

ウ）シェアオフィスを本店所在地にする場合

自社だけではなく、同じスペースを複数の利用者と共有するシェアオフィスを本店所在地にすることも可能です。シェアオフィスは、事務所として賃貸不動産を借りるより、費用を抑えることができます。

ただし、業種や業態によっては、他の利用者とスペースを共有して仕事ができるとは限りません。音の出る仕事やスペースをとる仕事、頻繁に人や物の出入りがある仕事などは、シェアオフィスの利用に向いていない場合があります。

3-6　犯罪による収益の移転防止に関する法律。マネーロンダリング対策等を目的とするもの。

エ）助成金や補助金、融資を受けることを検討する場合

合同会社を設立して事業を行う際に、国や都道府県、地方自治体などから、助成金や補助金、融資を受けることがあります。

代表的なのは、経済産業省と中小企業庁が公募している「小規模事業者持続化補助金（一般型）の創業枠」などの各種補助金や、日本政策金融公庫が取り扱う「新創業融資制度」などです。これらは、本店所在地の場所に関係なく、要件を満たしていれば利用することができます。

一方、都道府県や地方自治体が行う各種制度については、本店所在地が対象地域にないと利用できません。

本店所在地の候補が複数ある場合は、候補となっている都道府県、地方自治体がどのような助成金や補助金、融資の制度を行っているかを確認し、有利な制度が利用できる場所を本店所在地とする方が合理的です。

詳細は、**第6章**の第1節をご参照ください。

第4節 資本金の額を決める

浅岡：基本事項が着々と決まってきているようだけど、資本金の額は決まったかい？

明神：それが、まだ決めてないんです。そんなに元手資金があるわけじゃないんですけど、大丈夫でしょうか？

浅岡：かつては、株式会社を設立するなら1,000万円以上、有限会社なら300万円以上という決まりがあったんだけど、平成18年に撤廃されたんだ。だから、今では1円からでも設立はできるよ。

明神：少額でも心配ないんですね！

浅岡：まぁ1円からというのは極端な話で、会社の信用に影響することを考えたら、資本金の額は重要なんだ。慎重に決めた方がいいよ。

明神　そうなんですねえ。僕は経理の人間ですけど、資本金とかそういうことは、よくわかんないです。

浅岡　じゃあ、資本金の考え方について、いっしょに考えていこうか。

明神　浅岡さん、頼りにしてます！

(1)　資本金とは

資本金とは、設立時に必ず準備しなければいけない運転資金を指します。登記では、資本金額の明記が必要です。したがって「資本金」には、①運転資金としての側面、②登記で記載する金額としての側面、の2つがあるといえます。

資本金は、借入金などの負債と異なり、社員が出資するもので、基本的には返済する必要がないお金です。資本金が足りず、銀行や他の機関からお金を借り入れた場合は借入金となるため、それらを資本金にすることはできません。

資本金は登記をする前に、事前に銀行口座などに払込みをする必要があります。登記する際の申請に関しては、**第4章**で解説します。

(2) 資本金はどれだけ必要か

第2章でも触れたとおり、資本金の下限規制が撤廃されたため、1円からでも設立が可能です。株式会社と異なり、合同会社における出資者は業務執行をする者です。したがって、たとえば5人で業務を行う場合の資本金は、最低5円からとなります。

とはいえ、資本金の額は会社の信用に関わってきます。「資本金1円」では、企業体力がないのではないかと、取引先から不信に思われかねません。そのため、資本金は信用を損ねない程度の金額を準備する必要があるといえます。

では、具体的にいくら準備すればよいのでしょうか。

ア）資本金の目安

一般的に、起業してから6か月程度の運転資金があると十分といわれています。事業内容によって、必要となる金額は異なります。一例を挙げます。

例 6か月の運転資金

家　賃	5万円	×6か月	= 30万円
人件費	20万円	×6か月	=120万円
仕入代金	20万円	×6か月	=120万円
事務経費	3万円	×6か月	= 18万円
水道・光熱費	1万円	×6か月	= 6万円
			合計294万円

6か月分の金額の用意が難しい場合は、3か月分（上記例では約150万円）があるとよいとされることが多いです。

イ）データからみる資本金額

資料3－2　合同会社設立数（資本金額別）

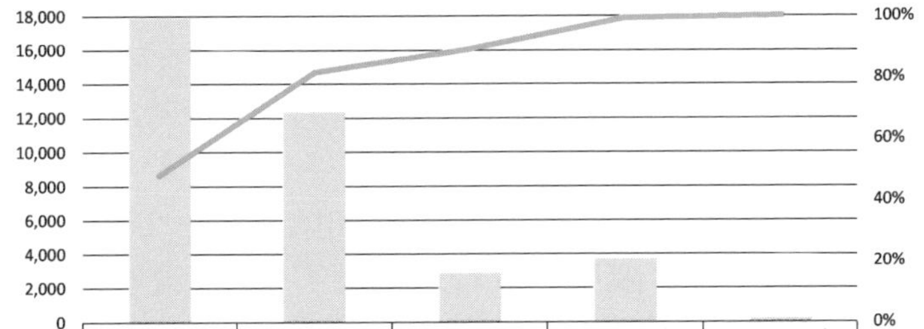

	100万円未満	100万円以上	300万円以上	500万円以上	1000万円以上
設立数（社）	17,897	12,356	2,872	3,732	215
割合（%）	48.30%	81.60%	89.40%	99.40%	100.00%

（「e-Stat2021年度合同会社設立データ」を基に作成）

ア）では運転資金としての資本金額を検討しました。続いて、登記で記載する金額としての資本金額も検討します。

実際に合同会社が資本金いくらで設立されているのか、e-Stat（政府統計の総合窓口）のデータからみてみましょう（**資料3－2**）。2021年度に設立された合同会社数のうち、資本金100万円未満で設立した企業数は5割弱にあたります。また、資本金300万円未満は全体の9割弱です。

ア）で3か月の運転資金を約150万円と概算しましたが、この金額が手元にない場合は、まずはキリのよい50万円や100万円で設立し、後で経営が軌道に乗ったら増資をするという方法もあります。

(3) 資本金を決めるときの注意点

ア）所有と経営の一致

株式会社の場合は、「所有と経営は分離させる」というルールがあり、取締役や執行役になるにあたり、必ずしも株を所有する必要はありません。

しかし、合同会社は、原則として「所有と経営は一致」しています。つまり、持分を所有していない者は業務を執行する社員（業務執行社員）になることができません。

なお、業務執行の意思決定については、社員が２人以上いる場合、定款に別段の定めがなければ、社員の過半数で決定することになります。

イ）現物出資

出資は現金だけでなく、事業を行う店舗や自動車、パソコン、コピー機といった現物を出資することも認められています。

この場合、新品であれば購入金額、中古品であれば一般的な中古価格が出資金額となります。しかし、金銭に換算できない「個人の信用力」や「営業力」「人脈」などは、出資としては認められていません。

第5節 事業年度を決める

明神：さて次は、事業年度か。事業の終わりを決めるわけですよね？

浅岡：まあ、そうかな。

明神：じゃあ個人事業主だったときと同じ、12月締めでいいかな。別に今までと変えなくても大丈夫でしょ。

浅岡：おいおい、待ってくれよ。今何月だと思っている。決算月までちょっと短くないかな。

明神：単なる事業の区切りですよね。短くてもいいじゃないですか。

浅岡：それに、年末といえば、取引も多い忙しい時期じゃないかい？

明神：それだと、なんか問題なんですか？

浅岡：ズバリ、ポイントは『決算』だ。

(1) 事業年度とは

事業年度とは、決算月を最終とする1年以内に定めた期間のことをいいます。個人事業主の事業年度は「1月1日から12月31日」と決まっていますが、会社の場合には、自由に決めることができます。

法律上は、会社計算規則71条2項により、「1年（事業年度の末日を変更する場合における変更後の最初の事業年度については、1年6箇月）を超えることができない」とされています。

大企業などでは、4月1日から翌3月31日を事業年度としていることが一般的です。4月の事業開始が多い理由は諸説ありますが、官公庁や学校などが4月開始であったり、税制などの法令改正が4月施行であったりすることが考えられます。また、小売業の閑散期が2～3月であることから、慣例として4月事業開始～翌3月決算の企業が多いようです。

事業年度が終わると、「決算」を行います。一事業年度に課税される法人税などを計算して、税務申告と納税をすることで、事業年度がすべて終了します。

(2) 事業年度の決め方

ア）決算月を意識

事業年度を考えるポイントは、「決算月」の設定タイミングにあります。法人の義務として、税金の支払いは避けて通れません。法人税、消費税、事業税などさまざまな税金が課されることになります。税負担によって、資金繰りが悪化しないためにも、決算のタイミングはとても重要です。

では、具体的にどのタイミングがよいのでしょうか。

決算月が繁忙期と重なってしまうと、決算業務と通常業務を並行して進めることになり、業務負荷が大きくなるため、避けた方が無難でしょう。決算月の前後で重要な取引がある場合、売上が当期に計上できるか来期に持ち越すかで、最終的な売上高に大きく影響を及ぼします。小売店のような業種で、たとえばクリスマスのように売上高に占める割合が高い時期に、決算月を設定することは避けた方がよいでしょう。

そのほかのポイントは、同業他社と同じ決算月にすることです。同業他社の事業業績をベンチマークとして比較しやすいことから、経営状態の異常を察知できるメリットがあります。

いずれにせよ、売上の高いピーク時を避け、業績推移にあわせて対処できる時期に決算月を設定することが大切になってきます。

では、合同会社の決算対策（決算の準備、節税など）はいつ行うのがよいのでしょうか。基本的に、事業年度開始日から6か月経った中間決算と、決算前に行うのがよいでしょう。とくに重要となるのが「決算前」です。その期が予想以上の利益で推移していた場合、あらかじめ準備された決算対策を実施することが有効となります。一方、営業のピークや売上のピークが決算月とかぶってしまった場合、利益の予想が難しいため、有効な決算対策ができません。

イ）設立直後の消費税免除

基本的に事業年度開始日の資本金の額が1,000万円未満の新設会社では、設立1期目および2期目の消費税が免除されます。たとえば12月設立で、11月を決算月と設定すれば、免税の期間が一般的に長くなります（資料3－3）[3-7]。

詳細は、税務署や税理士に相談しましょう。

3-7　ただし、インボイス制度（適格請求書保存方式）の開始に伴い、免税事業者から課税事業者になる場合を除く。

資料3－3　消費税免税事業の準備期間

原則として、資本金の額が1千万円未満で、①**基準期間**（2年前の事業年度or年）の課税売上高が1,000万円以下、②**特定期間**（1年前の事業年度の前半6か月）の課税売上高または給与等支払額が1,000万円以下の法人・個人事業主が消費税の納税義務のない**免税事業者**です。

※ 設立事業年度開始日以降、資本金の額が1,000万円未満の法人で、特定新規設立法人に該当しないことを前提。

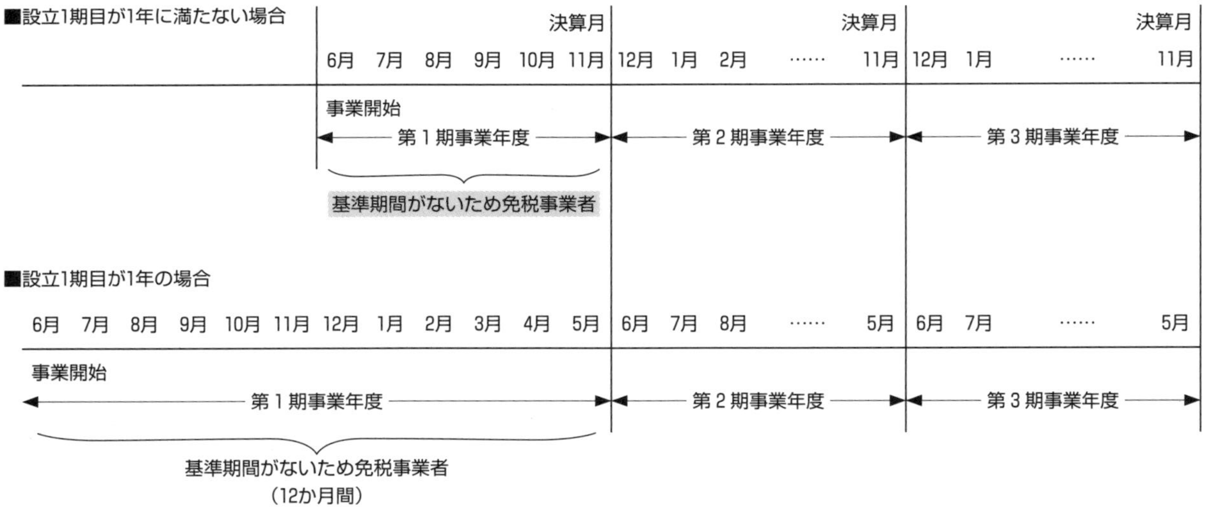

事業年度にこだわりがないのであれば、1期目の期間を長くなるような決算期とした方が、基本的に免税事業者である期間が長くなります。

（国税庁Webサイトを基に作成）

(3) 会社設立日を決める

申請日を調整することで、会社設立日を自由に設定できます。会社設立日はどの日でもよいのですが、1度決めたら設立日の変更はできませんので、よく考慮して決めましょう。たとえば、次のような決め方が考えられます。

ア）特別に意味のある日を設定

会社設立にまつわる特別に意味のある日を設定します。

会社設立を決意した日や、会社設立のきっかけとなった出来事があった日など、ストーリーと関連付けた日付であると、企業の紹介などに活用できます。

イ）縁起のよい日を設定

縁起のよい日に設定します。一般的に縁起やジンクスを信じる人は多いものです。暦の六曜でいう大安や先勝を選んだり、仏滅は避けたりするなど不安な要素を少しでも排除し、自分が精神的に安心できる日取りに決めるとよいでしょう。

ウ）創立記念日を意識

会社設立日は創立記念日ということになります。事業が順調に継続し何十年も経過して、創立記念日の休日設定や、記念行事を行うことも少なくありません。企業内でのイベントも考慮して、繁忙期や季節休暇などは極力避けて設定するとよいでしょう。

エ）法人住民税の課税額を考慮

月初の1日に設立するのと2日に設立するのでは、法人住民税の課税額が変わります。課税対象月の算出方法の基準は、1日から事業開始しているかいないかで決まるためです。1か月のうち事業開始日が1日でない場合、事業活動が1か月に満たないため、法人住民税の課税対象月の対象から外れます。

たとえば、3月末決算の会社で資本金の額が1,000万円以下（従業員50人以下）かつ赤字で、課税所得が発生していない場合でも、均等割として法人住民税が1年間で7万円かかるとします。これが4月1日に設立した場合は12か月分まるまるの7万円ですが、4月2日に設立した場合は11か月分の6万4,100円（100円未満切り捨て）になります。

・4月1日設立：12か月分課税
・4月2日設立：11か月分課税

オ）決算月との関係も考慮

⑵で前述の「1期と2期の消費税の免税制度」は、会社設立日と決算月が近いと、1期目の事業期間が短くなるため、基本的には免税の恩恵が小さくなってしまいます。制度を有効に活用するためには、決算月との関係も考慮することをおすすめします。

ただし、直前期の上半期の課税売上高または給与等支払額が1,000万円を超える場合、その事業年度は課税事業者になりますので、注意が必要です。

⑷　書類提出の際に考慮する項目

会社の設立日になるのは、法務局に会社設立登記を申請した日です。しかし、本店所在地によって管轄する法務局が異なるため、提出先の誤りや申請書類の不備などで、希望した設立日に受理されないリスクもあります。事前の準備が重要です。

法務局へ提出するにあたって、書類の記載内容以外にあらかじめ考慮する項目は、次のとおりです。

ア）提出先

本店所在地によって法務局の管轄が決められており、それ以外の法務局では受け取ってもらえないため、確認が必要です。

イ）提出方法

主に次の3つの方法から選択します（資料3－4）。

資料3－4　会社設立登記の申請

窓　口	郵送より確実な方法。 開館時間の事前確認が必要です。
郵　送	本社所在地を管轄する郵送先の住所確認が必要です。 郵便が法務局へ届き、受付処理が行われた日が設立日になります。
登記すべき事項のオンライン申請	「登記・供託オンライン申請システム」への登録が必要です。また電子証明書の発行やICカードリーダライタの準備、PCソフトの設定などの事前手続が必要です。

ウ）提出日時

土日祝日は受理されません。

法務局では、土日や祝日は業務時間外での取扱いがありません。婚姻届を提出するときのような休日窓口がなく、休日は登記申請が受理されませんので、気をつけましょう。

コラム

確定事項を議事録に残す

会社を設立するにあたっては、社員や出資金など、さまざまな決定事項があります。決定事項ではときとして、関係者同士の認識のずれが生じたり、意図的に決定事項を反故にしようとしたりするようなトラブルになるリスクがあります。社員1人での会社設立であっても後々トラブルにならないように、証明書類として「議事録」の作成をおすすめします。

たとえば、資本金や執行責任、業務分担など、法人設立に重要となるところは決定事項として書面化します。議事録は、会社として決めたことが正しいプロセスで進行したことを証明する重要な書類となります。登記申請書作成まで、異論のない公正なプロセスで確実に進めるためにも重要です。形式は自由でかまいませんので、議事録を作成する習慣を身につけましょう。

第6節 会社の印鑑を作る

明神：合同会社設立に関する基本事項、だいたい決まりましたね！

浅岡：では、そろそろ会社の実印となる、代表者印も用意しておくころかな。

明神：僕、実印なら持ってますよ！

浅岡：……俺がいっているのは、個人の実印じゃなくて、会社の実印の方だよ。

明神：え？　会社の実印？？

浅岡：そう、代表者印といって、会社を設立する際に必要なんだ。
それ以外にも、銀行印や角印、会社名や氏名などの情報が入ったゴム印なんかがあると、便利だぞ。

明神：たしかに、勤務先でも角印やゴム印は使いますね。

浅岡：それじゃ、会社の印鑑はどのようなものが必要になるのか、みていこう。

(1) 会社における印鑑

会社の印鑑（総称して「社版」「社判」などと呼ぶこともあります）は、設立や事業を行ううえで必ず必要です。設立登記の際は、法人の実印である「代表者印」さえあれば、会社を設立することができます。しかし、会社設立後の各種取引においては、用途に応じた印鑑を複数用意しておくのが一般的です。

また、代表者印を法人の実印として登録する際には、代表者個人の実印が必要となります。個人の実印がない場合は、あらかじめ代表者が住民登録をしている市区町村役場で、個人の実印の印鑑登録が必要です。

(2) 会社経営で必要になる印鑑の種類

会社を設立する際に必要になるのは代表者印のみですが、会社を経営するにあたっては、銀行との取引や見積書・契約書を作成する際に使う印鑑を用意しておくことをおすすめします。

ア）代表者印

代表者印は、会社を設立する際に使用するだけでなく、会社の意思を対外的に表明する契約にも使用するものです。

代表者印の大きさには規定（商業登記規則9条3項）があり、一辺の長さが1cm以上3cm以内に収まる必要があります（資料3－5）。この大きさの範囲に収まれば、どのようなかたちの印鑑でも、代表者印として登録することができます。一般的には円形の印鑑が多く使用されていますが、四角形でもかまいません。

また、代表者印は鮮明に押印できるような、印鑑照合に適したものでなければなりません。

これらをクリアしているものであれば、代表者印は他に指定がないため、代表者個人の実印を登録することも可能です。とはいえ、将来的に代表社員が変更になった際は、旧代表者印の実印をそのまま使うことは困難となります。公私を分けるためにも、新たに代表者印を作る方が無難です。

一般的な代表者印の印影は、内円と外円の二重丸構造となっていて、内円に「代表社員之印」などの文字を入れ、外円に会社名が入っているデザインです（資料3－6）。

資料3－5　代表者印の大きさ

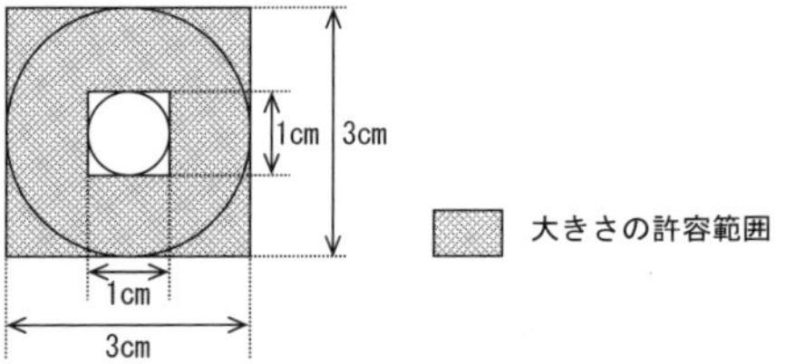

資料3－6　代表者印の印影

資料3－7　印鑑の形状

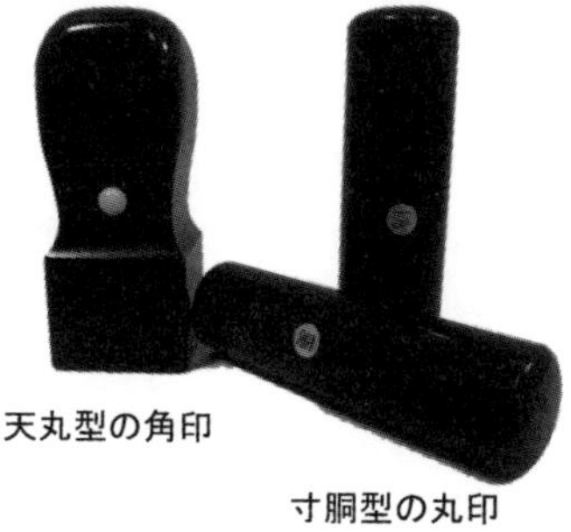

印鑑の持つ部分のかたちは、主に円柱や角柱などのタイプである「寸胴型」、中央部にくびれがあり、上面が丸まっている「天丸型」の2種類があります（資料3－7）。どちらを選んでも問題はありませんが、次に挙げる「銀行印」と区別しやすいよう、形状を分けておくと便利です。

イ）銀行印

銀行印とは、銀行で口座を開設する際に、銀行に届け出たものを指します。口座の開設後は、小切手の利用や手形の振出し、預金の引出しの際に使用することになります（資料3－8）。

代表者印を銀行印として登録することも可能ですが、銀行印は使用頻度が高いため、破損や摩耗、紛失や盗難にあうなどのリスクが高まります。また経理担当者に銀行印を預ける場合もあるため、新たに銀行印を作り、代表者印との兼用を避けた方が安全です。

銀行印は原則としてインク浸透印（スタンプ台が不要な本体内部にインクが入ったハンコ）は登録することができませんが、代表者印のように大きさなどに規定はありません。前述の通り、代表者印と区別しやすいよう、代表者印と大きさや形状を変えておくと便利です。

資料3－8　銀行印

ウ）角印（社印）

資料3－9　角印

角印は、見積書や請求書、領収書などさまざまな用途で会社が発行した書類に使用します。一般的に四角形の印鑑が使用されるため、角印と呼ばれます（資料３－９）。

エ）ゴム印

会社名や代表社員の氏名、郵便番号、住所、電話番号などの情報が入っている、印面がゴムでできたハンコのことをゴム印といったりします（資料３－10）。

資料3－10　ゴム印の印影

ゴム印はパーツに分けて作成することで、用途に応じて必要なゴム印を組み合わせて使用でき、見積書や契約書の記名、封筒や手紙の差出人情報を手書きする手間を省くことができます。

(3) 会社の印鑑の作り方

会社の印鑑の作り方は、大きく2つあります。ハンコ専門店のリアル店舗で作る方法と、インターネットの通販ショップで作る方法です。

即日作成が可能な場合もありますが、作成に1～2週間程度時間がかかることがあります。会社名が決まったら、早めに作成しましょう。

ア）ハンコ専門店の店舗で印鑑を作る場合

ハンコ専門店の店舗で印鑑を作る一番の利点は、印鑑のプロに直接相談をしながら作ることができることです。予算や要望を細かく伝え、実物を見ながら検討することができます。

しかし、作成に時間を要し、インターネットの通販ショップと比較すると割高になる傾向があります。

イ）インターネットの通販ショップで印鑑を作る場合

自分で印鑑について調べることができる場合は、印材の種類が豊富で納期の早いインターネットの通販ショップもおすすめです。

通販ショップでは実物を見ることができません。しかし、ほとんどの通販ショップでは、作成前に印影のプレビューを確認することができ、実際に作られる印鑑のイメージをつかむことができます。

第7節 定款の作成方法を決める

浅岡：かなり準備も順調なようだし、そろそろ定款についても考えていこうか！

明神：定款ってよくわからないけど、なんだか難しそうだなぁ。

浅岡：定款というのは、会社を経営・運営していくうえでの、基本的な原則を記した書類のことだよ。

明神：基本的な原則って、たとえば名前（商号）とか住所（本店所在地）とかでしたっけ？

浅岡：そう。定款の内容を決める前に、まずその作成方法を決めよう。

明神：はいっ!!
……って、どういうことですか？

浅岡：ざっくりいうと、定款を紙媒体で提出するか、電子媒体で提出するかを決める必要があるんだ。

明神：ふむふむ……??

浅岡：といっても、イメージが湧かないだろうから、詳しく説明しよう。

明神：お願いします!!

(1) 定款とは

定款とは、会社などを運営していく際の基本的規則を記載したものです。**電子定款**と**紙定款**の2つがあります。

(2) 電子定款

電子定款とは、Microsoft Word®のような文書作成ソフトなどで作った定款のうち、紙に印刷するのではなく、CD-R等の「電磁的記録媒体」として保存したものです。

(3) 紙定款

紙定款とは、文書作成ソフトなどで作った定款のうち、紙媒体に印刷したものです。原本（会社保管用）と法務局提出用の2通を印刷・作成します。

原本の1通は課税文書にあたり、4万円の収入印紙の貼付が必要です。この際、収入印紙の再利用防止のため、収入印紙と定款にまたがって押印します。

もう1通の法務局提出用には、収入印紙を貼る必要はありません。合同会社の定款は、印紙税法上の「第6文書」であり、数通作成した場合も原本1通のみが課税の対象となり、それ以外については課税されないためです。

(4) 電子定款と紙定款の違い

電子定款と紙定款では、異なる点が2つあります。

ア）電子定款は収入印紙が不要

電子定款は課税文書に当たりません。このため、収入印紙代（印紙税）4万円は不要です。

イ）電子定款は電子証明書が必要

電子証明書とは、間違いなくその電磁的記録が本人のものと証明する、印鑑証明書のようなものです。電子証明書は、（民間企業が提供するものもありますが）地方公共団体情報システム機構の「公的個人認証サービス」を利用することが一般的です。公的個人認証サービスを利用した電子承認の手順は、次の通りです。

ウ）電子定款の電子証明書の承認手順

①マイナンバーカードを取得

電子証明書はマイナンバーカードに記録されるため、マイナンバーカードがない場合は、まずマイナンバーカードを取得する必要があります。マイナンバーカードを申請してから手元に届くまで、1か月程度かかります

②住民票のある市区町村窓口にマイナンバーカードを持参し、電子証明書を取得

電子証明書は、原則、その日のうちに取得することができます。手数料は無料です。

③作成した定款をPDF化

Word等で作成した定款を電子定款にするには、署名挿入機能が付いているPDFへの変換ソフト（Adobe Acrobat® 等）が必要です。

④ICカードリーダライタ等を準備

マイナンバーカードに記録された電子証明書を読み取るためには、マイナンバーカードに対応しているICカードリーダライタが必要です。ICカードリーダライタは、家電量販店などで、2千円～6千円程度で購入できます。

また、平成29年1月より、スマートフォンのリーダライタモードを、ICカードリーダライタの代わりとすることも可能となりました。

⑤利用者クライアントソフトで電子署名を付与

ICカードリーダライタまたはスマートフォンをPCと接続のうえ、利用者クライアントソフトを起動し、以下ソフトに従って、マイナンバーカードに記録された電子署名をPDFの定款に付与します。利用者クライアントソフトは、公的個人認証サービスポータルサイト[3-8]からダウンロード、インストールします。

(5)　電子定款と紙定款、どちらにするか

電子定款と紙定款のどちらで定款を作成するのかは、そのコストを比較・検討するとよいでしょう。電子定款は、収入印紙代4万円がかかりませんが、電子証明書の認証手順①～⑤の手間と費用がか

3-8　https://www.jpki.go.jp/index.html

かります。

また、最近では、マネーフォワードやfreeeといった企業が、電子定款作成を代行するクラウドサービスを提供しており、これらを利用するという方法もあります。

以上を踏まえ、定款を作成しましょう。

(6) 合同会社は公証人による定款認証が不要

合同会社設立が株式会社より簡易である理由のひとつに、公証人による定款の認証が必要ないことがあります。このため、公証人報酬の３～５万円も不要です。

なぜ公証人による認証が必要ないかというと、合同会社は株式会社と違って「所有と経営が一致」しており、定款内容について後日争いになる可能性が低いためです。株式会社の場合は「所有と経営が分離」しているため、株主と経営者が異なる人物となる可能性があります。株主と経営者、または複数の株主同士で後日定款に関して争いになるのを防ぐために、作成時に認証を第三者にしてもらう必要があるのです。

第8節 定款を作成する

明神：定款は紙定款にしようと思います。

浅岡：それじゃあ、実際に定款を作っていこう。

明神：定款ってすぐ作れるんですか？

浅岡：定款の形式はシンプルだけど、内容は会社にとって重要なことばかりだから、慎重に決めないと後々大変なことになるかもしれないんだ。軽く考えていてはいけないぞ。

明神：それは大変ですね！　どんな項目を書けばいいのか、手取り足取り教えてください！

浅岡：商号や住所のように絶対に定款に記載しないといけないものと、定款に記載しないと効力を発揮しないもの、任意に書いてよいものの3種類があるんだ。

明神：大きく分けて3つなんですね！

(1)　合同会社の定款

定款の作成方法を決めた後は、いよいよ定款の作成です。

ア）記載事項

定款に記載する事項は、絶対に記載しないといけない「**絶対的記載事項**」、定款に記載しなければ効力が生じない「**相対的記載事項**」、法律に反しない限り定款に記載することのできる「**任意的記載事項**」の3つに分類されます（会社法576条、577条）。

①絶対的記載事項

・商号
・目的
・本店所在地
・社員の氏名と住所
・社員を有限責任社員とすること
・社員の出資の目的とその価額または評価の標準

②相対的記載事項

・業務執行社員の定め
・社員の退社事由の定め
・存続期間の定め
・解散事由
・競業取引の許容
・代表清算人の定め
・公告方法
・利益配当の請求方法その他利益の配当の定め
・社員の損益分配割合の定め
・残余財産の分配の定め
など

③任意的記載事項

・事業年度
・支店の所在場所
・支配人
など

イ）定款の構成

合同会社の定款は、次のような構成が一般的です。株式会社の定款と異なり、株式・機関設計・株式の譲渡制限を記載する必要がないため、比較的シンプルな構成になっています。

次の**ウ）総則～ク）その他附則**で解説する定款のサンプルは、1人で設立した場合のものです。複数人設立、社員が法人の場合、現物出資の場合の定款サンプルは、章末（124頁～135頁）をご参照ください。

合同会社の定款の構成

第１章　総　則　➡**ウ）**
（商号）
（目的）
（本店所在地）
（公告方法）
（定款の変更）
第２章　社員及び出資　➡**エ）**
（社員の氏名、住所、出資及び責任）
（持分の譲渡制限）
第３章　業務執行権及び代表権　➡**オ）**
（業務執行）
（代表社員）
第４章　社員の加入及び退社　➡**カ）**
（社員の加入）
（任意退社）
（法定退社及びその特例）
第５章　計　算　➡**キ）**
（事業年度）
（損益分配）
第６章　その他附則　➡**ク）**
（解散の事由）
（定款に定めのない事項）

ウ）総　　則

「総則」に記載する事項は、次の①～⑤です（資料３－11）。

①商　　号

設立する合同会社の名称です（本章の第１節参照）。

②目　　的

事業目的（本章の第２節参照）を記載します。原則、定款に記載されていない事業を、その会社の事業とすることはできません。

会社設立後に目的を追加する場合、定款の変更に伴う別途登記手続がかかるため、将来的に行う可能性がある事業については、設立時に記載しておく方が無難です。

③本店所在地

会社設立時に登録する住所です（本章の第３節参照）。

④公告方法

官報に掲載する方法、「時事に関する事項を掲載する日刊新聞紙」に掲載する方法、電子公告の３つがあります。合同会社の場合、公告義務はないため、ほとんどの場合「官報に掲載」を選びます。

⑤定款の変更

定款の変更方法、およびその例外事項を記載します。

資料3－11　社員1人で設立する際の定款記載例（1/6）

合同会社明神商店 定款

第１章　　総　　則

（商号）
第１条　当会社は、合同会社明神商店と称する。
（目的）
第２条　当会社は、次の事業を行うことを目的とする。
（１）インターネット等のネットワークシステムを利用した通信販売業及びインターネットオークションの企画、運営
（２）カジュアル衣料、雑貨の販売、及び輸出入
（３）前各号に附帯関連する一切の事業
（本店所在地）
第３条　当会社は、本店を千葉県船橋市に置く。
（公告方法）
第４条　当会社の公告は、官報に掲載して行う。
（定款の変更）
第５条　本定款は、総社員の同意によって変更することができる。
２　社員が２名以上ある場合に前項の変更をする際に、社員に下記のいずれかの事由が生じている間は、当該社員の同意は不要とする。
（１）認知症、病気、事故、精神上の障害などによる判断能力の喪失
（２）行方不明
（３）その他同意の意思表示ができない事由
３　前項の規定は、法令または定款において社員の同意、承諾または互選を要する場合に準用する。この場合において、同項中「同意」とあるのは、「承諾」または「互選」と読み替える。

エ）社員及び出資

「社員及び出資」に記載する事項は、次の①～②です（資料3−12）。

①社員の氏名、住所、出資及び責任

出資金、住所、氏名の順番で記載します。合同会社の場合、社員全員が資本金を出資し業務を行うのが原則のため、それぞれの出資金を定款に記載します。また合同会社の場合、社員全員が有限責任社員であることを必ず記載します。

金○○○万円　○○県○○市○○町●●−●
有限責任社員　○○○○

②持分の譲渡制限

持分（38頁参照）を譲渡する場合の制限、および例外事項を記載します。

資料3−12　社員1人で設立する際の定款記載例（2/6）

第2章　社員及び出資

（社員の氏名、住所、出資及び責任）
第6条　社員の氏名、住所、及び出資の価額並びに責任は次のとおりである。

金150万円　千葉県船橋市岩本町一丁目2番19号
有限責任社員　明神 謙太郎

（持分の譲渡制限）
第７条　社員は、代表社員の承諾がなければ、その持分の全部または一部を他人に譲渡することができない。
　２　前項に伴う本定款の変更は、本定款第５条の規定にかかわらず、代表社員の同意によってすることができる。
　３　前２項の規定は、代表社員に事故があるときは、他の業務執行社員がこれに代わる（以下、本定款において、代表社員が行うべき行為の定めがある場合において同様とする。）。

オ）業務執行権及び代表権

「業務執行権及び代表権」に記載する事項は、次の①～④です（資料３－13）。

①業務執行の権利義務

社員（36頁参照）の氏名を記載します。有限責任社員の全員で業務を執行するのが原則ですが、業務を執行する社員（業務執行社員）と業務を執行しない社員とを定款で定めることもできます。

また合同会社の場合、業務執行社員に関する任期の定めはありませんが、定款で定めることもできます。

②代表社員

代表社員に関する定めを記載します。社員１人で合同会社を設立する場合には、その１人が代表社員になります。

社員が複数いる場合、原則として代表権は全員にあるため、会社の運営や取引先との交渉で混乱が起きる可能性があります。そのような事態を回避するため、代表社員の選出方法などを定めます。

③利益相反取引の特則

「利益相反取引」とは、業務執行社員が会社の利益を犠牲にして、自己・第三者の利益を図る取引のことです。業務執行社員が利益相反取引を行う場合の、承認方法を定めます。

④業務執行社員の報酬

業務執行社員の役員報酬の決定方法について定めます。

資料3－13　社員1人で設立する際の定款記載例（3/6）

> 第3章　業務執行権及び代表権
>
> （業務執行の権利義務）
> 第8条　当会社の業務執行社員は、次のとおりとする。
>
> 業務執行社員　明神 謙太郎
>
> （代表社員）
> 第9条　業務執行社員が2名以上ある場合は、そのうち1名以上を代表社員とし、業務執行社員の互選をもって、これを定める。
> 2　業務執行社員が1名の場合は、当該業務執行社員を代表社員とする。
> （利益相反取引の特則）
> 第10条　業務執行社員が会社法第595条第1項の取引をする場合は、代表社員の承認を受けなければならない。
> 2　代表社員が会社法第595条第1項の取引の当事者である場合は、同法同項の承認があったものとみなす。
> （業務執行社員の報酬）
> 第11条　業務執行社員の報酬、賞与その他の職務執行の対価として当会社から受ける財産上の利益は、総社員の同意をもって定める。

カ）社員の加入及び退社

「社員の加入及び退社」に記載する事項は、次の①〜③です（資料3－14）。

①社員の加入

社員が加入する場合は社員総会を開き、（定款に別段の定めがある場合を除き）総社員の同意を得たうえで、定款を変更する必要があります。

②任意退社

任意退社に関する規定を記載します。退社予告の期限や退社に関する制限などを記載します。また、やむを得ない事由により退社する場合には、事前に予告することを要せず、退社することができます。

③法定退社

社員の死亡や会社の解散、消滅など法律の定める一定の事由が生じた場合に、社員は退社することになります。

資料3－14　社員1人で設立する際の定款記載例（4/6）

第４章　社員の加入及び退社

（社員の加入）

第12条　新たに社員を加入させる場合は、総社員の同意によって定款を変更しなければならない。

（任意退社）

第13条　各社員は、事業年度の終了の時において退社をすることができる。この場合においては、各社員は、３ヶ月前までに会社に退社の予告をしなければならない。
2　前項の規定にかかわらず、各社員は、やむを得ない事由があるときは、いつでも退社することができる。
（法定退社及びその特例）
第14条　各社員は、会社法第607条の規定により退社する。
2　前項の規定にかかわらず、社員が死亡した場合又は合併により消滅した場合においては当該社員の相続人その他の一般承継人が当該社員の持分を承継することとする。

キ）計　　算

「計算」に記載する事項は、次の①～②です（資料3－15）。

①事業年度

1期の事業年度（毎年××月××日から翌年△△月△△日まで）を記載します。

申告期限の延長の特例[3-9]を申請する場合、定款記載例の第15条2項の条項（116頁参照）が必要です。また、延長の特例の適用にあたっては、消費税（課税事業者の場合）と地方税の届出も必要になるため、税務署や税理士等に相談して進めましょう。

②損益配分

利益配分および損益配分について記載します。損益の配分割合について、定款でとくに定めない場合、その割合は各社員の出資の価額に応じることとなります。合同会社の場合、定款で配分割合をある程度決めることができます。

3－9　国税庁「［手続名］定款の定め等による申告期限の延長の特例の申請」
https://www.nta.go.jp/taxes/tetsuzuki/shinsei/annai/hojin/annai/1554_12.htm

資料3－15　社員1人で設立する際の定款記載例（5/6）

> 第5章　計　　算
>
> （事業年度）
> 第15条　当会社の事業年度は、毎年4月1日から翌年3月31日までとする。
> 2　当会社は、事業年度末日の翌日から3ヶ月以内に決算を確定する。
> （損益分配）
> 第16条　社員の利益分配の割合は、各社員の出資の価額に応じて定める。
> 2　社員の損失分配の割合は、各社員の出資の価額に応じて定める。

ク）その他附則

解散の事由、定款に定めのない事項となる項目を記載します（資料3－16）。

①解散の事由

合同会社は、次のような事由が発生した場合、解散になります。

・総社員の同意
・会社の合併
・社員全員の退社
・会社の破産
・解散を命ずる裁判
など

②定款に定めのない事項

定款に定めのない事項は、原則、会社法に従うことになります。

資料3－16　社員1人で設立する際の定款記載例（6/6）

第6章　その他附則

（解散の事由）
第17条　当会社は、次の事由によって解散する。
（1）総社員の同意
（2）会社の合併
（3）社員全員の退社
（4）会社の破産
（5）解散を命ずる裁判
（定款に定めのない事項）
第18条　この定款に規定のない事項は、すべて会社法その他の法令に従う。

以上、合同会社明神商店設立のためこの定款を作成し、有限責任社員が次に記名押印する。

令和5年3月25日

千葉県船橋市岩本町一丁目２番19号
有限責任社員　明神　謙太郎　㊞

ケ）作成時の注意事項

定款を作成する際は、次の事項に注意が必要です。

①法律上必要な事項を必ず記載

絶対的記載事項など、法律上必要な事項に記載の不備がある場合、定款として無効になってしまいます。合同会社の場合、公証人の認証は受けなくてもよいため、記載事項に不備がないか慎重に検討しましょう。

記載事項の中でも相対的記載事項は、社員構成（役員構成）を記載する事項が多いため、設立後の会社運営に大きく影響します。設立する際に定款内容をじっくり考え、設立後の会社運営を円滑に運べるようにしましょう。

②解散後の引継ぎを考慮

株式会社では、出資者である株主が死亡した場合、相続人にその地位が相続されます。

しかし合同会社の場合、出資者である社員が死亡しても、原則として相続人が社員の地位を引き継ぐことはできません。合同会社は１人で設立することもできるため、１人で合同会社を設立し、その社員が死亡すると、社員が１人もいなくなります。すなわち、社員が誰もいなくなると、合同会社は解散になってしまいます。

承継できなくなるリスクを回避するため、社員が死亡したら相続人にその持分を承継させるよう、定款に定めておきましょう。

③所有と経営の一致

株式会社は「所有と経営の分離」が原則ですが、合同会社は逆で「所有と経営の一致」が原則になります。

株式会社は出資した人、つまり株主が取締役を選任します。

一方、合同会社は出資した人が、株式会社の取締役に当たる業務執行社員になります。そして、その業務執行社員が会社の業務を執行します。

コ）出資者が複数名いる場合の考慮点

出資者が2名以上の場合は、ケ）の事項に加え、次の点に考慮しましょう。

①代表社員の選定

合同会社は、複数名で設立した場合でも、社員全員が業務執行社員となり、代表社員となります。会社法上、社員全員が代表社員となるのが原則ですが、例外として定款で別途定めることによって、業務執行社員の中から特定の人を代表社員として選定することができます。

②議決権の取扱い

株式会社の議決権は出資の割合に比例しますが、合同会社は原則として出資額にかかわらず一人一議決権です。しかし、定款で定めることにより、原則と異なる規定を盛り込むことができます。

たとえば、「当会社の業務は、業務執行社員の議決権の過半数の同意をもって決定する。この場合における各業務執行社員の議決権は、その出資の価額に応じた割合とする」と定めることができます。

サ）出資者に法人が含まれる場合の考慮点

出資者に法人が含まれる場合は、ケ）の事項に加え、次の点に考慮しましょう。

①代表社員の取扱い

合同会社の代表社員を、出資者である法人とすることも可能です。その場合は、実際の業務の執行にあたる職務執行者の選任が必要になります。職務執行者を選任した場合は、他の社員に職務執行者の氏名や住所を知らせる必要があります。職務執行者には特別な資格はなく、法人の役員や従業員のほか、法人に所属していない第三者を選任することもできます。

②職務執行者の決定

法人が株式会社かつ取締役会が設置されている場合、職務執行者の選任は、取締役会の決議をもって選任します。取締役会が設置されていない場合は、取締役の過半数の賛成により選任します。法人が合同会社などの持分会社の場合は、社員の過半数の賛成が必要になります。

シ）現物出資を行う場合の考慮点

合同会社も株式会社と同様に、金銭以外の財産も現物出資できます。貸借対照表で資産に計上できるものであれば、原則として現物での出資は可能です。たとえば、車やパソコンなどは現物出資として認められます。

車やパソコンなどの現物出資を行った場合、以下のような項目を定款に記載する必要があります。

・現物出資者の住所と氏名
・現物出資物の名称と数量
・製造会社名
・製造年
・製品名、製品型名
・製造番号

(2) 記名と押印

定款が電子定款である場合、電子署名されているので、電磁的記録への記名のみで、押印の必要はありません。

紙定款の場合、社員全員が定款に記載されている内容に同意をしたということで、定款の所定の位置に、記名と押印をします。

その際、代表社員は実印で押印します。複数の社員が押印する場合は、認印でもかまわないですが、定款などの会社の重要な書類は実印での押印をおすすめします。

また、定款に記名押印する場合、社員が自然人であるか法人であるか、社員の数が1人であるか複数であるかで記載内容が異なります。

ア）社員が自然人である場合

社員自ら定款に記名押印します。

有限責任社員　明神　謙太郎　㊞

イ）社員が複数である場合

社員それぞれの実印で記名押印します。

有限責任社員　明神　謙太郎　㊞

有限責任社員　明神　まりえ　㊞

ウ）社員が株式会社である場合

株式会社の代表取締役または代表執行役が記名押印します。

有限責任社員　京葉セラミック株式会社

代表取締役　千葉　京子　㊞

エ）社員が合同会社である場合

合同会社の代表社員が記名押印します。

有限責任社員　合同会社船橋商事

代表社員　船橋　太郎　㊞

オ）社員である合同会社の代表社員が法人である場合

法人の代表取締役または代表執行役が記名押印します。

有限責任社員 合同会社船橋商事

代表社員　京葉セラミック株式会社

代表取締役　千葉　京子　㊞

(3) 印刷して綴じる

紙定款の場合、定款をA4サイズの用紙で作成し、**登記提出用**と**会社保管用**の2部を印刷します。会社保管用の方に収入印紙を貼り、押印して完成させます。

定款は重要な書類であるため、改ざんなどを防ぐため、製本することをおすすめします。製本テープを使用して製本する手順は、資料3－17の通りです。

資料3－17　定款の製本

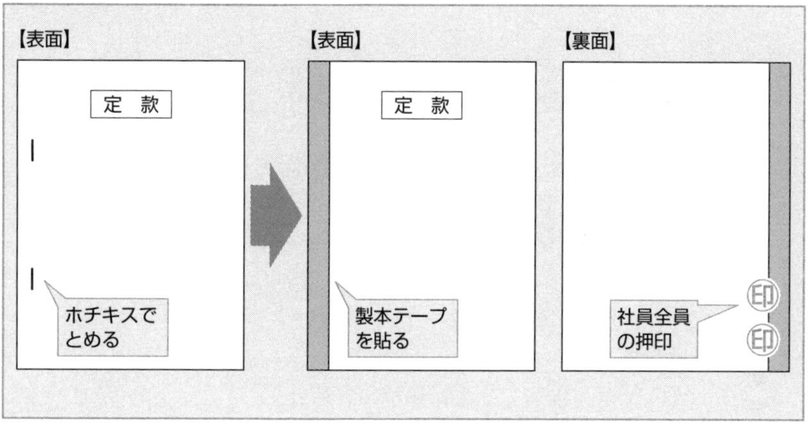

定款サンプル

定款1 複数人で設立する場合

合同会社明神商店 定款

第1章　総　則

（商号）
第1条　当会社は、合同会社明神商店と称する。
（目的）
第2条　当会社は、次の事業を行うことを目的とする。
（1）インターネット等のネットワークシステムを利用した通信販売業及びインターネットオークションの企画、運営
（2）カジュアル衣料、雑貨の販売、及び輸出入
（3）前号に附帯関連する一切の事業
（本店所在地）
第3条　当会社は、本店を千葉県船橋市に置く。
（公告方法）
第4条　当会社の公告は、官報に掲載して行う。
（定款の変更）
第5条　本定款は、総社員の同意によって変更することができる。
2　社員が2名以上ある場合に前項の変更をする際に、社員に下記のいずれかの事由が生じている間は、当該社員の同意は不要とする。
（1）認知症、病気、事故、精神上の障害などによる判断能力の喪失
（2）行方不明

（3）その他同意の意思表示ができない事由

3　前項の規定は、法令または定款において社員の同意、承諾または互選を要する場合に準用する。この場合において、第2項中「同意」とあるのは、「承諾」または「互選」と読み替える。

第2章　社員及び出資

（社員の氏名、住所、出資及び責任）

第6条　社員の氏名、住所、及び出資の価額並びに責任は次のとおりである。

金100万円　千葉県船橋市岩本町一丁目2番19号
有限責任社員　明神　謙太郎

金50万円　千葉県船橋市岩本町一丁目2番19号
有限責任社員　明神　まりえ

（持分の譲渡制限）

第7条　社員は、代表社員の承諾がなければ、その持分の全部または一部を他人に譲渡することができない。

2　前項に伴う本定款の変更は、本定款第5条の規定にかかわらず、代表社員の同意によってすることができる。

3　前2項の規定は、代表社員に事故があるときは、他の業務執行社員がこれに代わる（以下、本定款において、代表社員が行うべき行為の定めがある場合において同様とする。）

第3章　業務執行権及び代表権

（業務執行の権利義務）

第8条　当会社の業務執行社員は、次のとおりとする。

業務執行社員　明神　謙太郎
業務執行社員　明神　まりえ

（代表社員）
第９条　業務執行社員が２名以上ある場合は、そのうち１名以上を代表社員とし、業務執行社員の互選をもって、これを定める。
（利益相反取引の特則）
第10条　業務執行社員が会社法第595条第１項の取引をする場合は、代表社員の承認を受けなければならない。
２　代表社員が会社法第595条第１項の取引の当事者である場合は、同法同項の承認があったものとみなす。
（業務執行社員の報酬）
第11条　業務執行社員の報酬、賞与その他の職務執行の対価として当会社から受ける財産上の利益は、総社員の同意をもって定める。

第４章　社員の加入及び退社

（社員の加入）
第12条　新たに社員を加入させる場合は、総社員の同意によって定款を変更しなければならない。
（任意退社）
第13条　各社員は、事業年度の終了の時において退社をすることができる。この場合においては、各社員は、３ヶ月前までに会社に退社の予告をしなければならない。
２　前項の規定にかかわらず、各社員は、やむを得ない事由があるときは、いつでも退社することができる。
（法定退社及びその特例）
第14条　各社員は、会社法第607条の規定により退社する。
２　前項の規定にかかわらず、社員が死亡した場合又は合併により消滅した場合においては当該社員の相続人その他の一般承継人が当該社員の持分を承継することとする。

第５章　計　　算

（事業年度）
第15条　当会社の事業年度は、毎年４月１日から翌年３月31日までとする。
２　当会社は、事業年度末日の翌日から３ヶ月以内に決算を確定する。
（損益分配）
第16条　社員の利益分配の割合は、各社員の出資の価額に応じて定める。
２　社員の損失分配の割合は、各社員の出資の価額に応じて定める。

第６章　その他附則

（解散の事由）
第17条　当会社は、次の事由によって解散する。
（１）総社員の同意
（２）会社の合併
（３）社員全員の退社
（４）会社の破産
（５）解散を命ずる裁判
（定款に定めのない事項）
第18条　この定款に規定のない事項は、すべて会社法その他の法令に従う。

以上、合同会社明神商店設立のためこの定款を作成し、有限責任社員が次に記名押印する。

令和５年３月25日

千葉県船橋市岩本町一丁目２番19号
有限責任社員　明神　謙太郎　㊞

千葉県船橋市岩本町一丁目２番19号
有限責任社員　明神　まりえ　㊞

定款2 法人が社員に加わる場合

合同会社明神商店 定款

第1章　総　則

（商号）
第1条　当会社は、合同会社明神商店と称する。
（目的）
第2条　当会社は、次の事業を行うことを目的とする。
（1）インターネット等のネットワークシステムを利用した通信販売業及びインターネットオークションの企画、運営
（2）カジュアル衣料、雑貨の販売、及び輸出入
（3）前号に附帯関連する一切の事業
（本店所在地）
第3条　当会社は、本店を千葉県船橋市に置く。
（公告方法）
第4条　当会社の公告は、官報に掲載して行う。
（定款の変更）
第5条　本定款は、総社員の同意によって変更することができる。
2　社員が2名以上ある場合に前項の変更をする際に、社員に下記のいずれかの事由が生じている間は、当該社員の同意は不要とする。
（1）認知症、病気、事故、精神上の障害などによる判断能力の喪失
（2）行方不明
（3）その他同意の意思表示ができない事由
3　前項の規定は、法令または定款において社員の同意、承諾または互選を要する場合に準用する。この場合において、第2項中「同意」とあるのは、「承諾」または「互選」と読み替える。

第２章　社員及び出資

（社員の氏名、住所、出資及び責任）

第６条　社員の氏名、住所、及び出資の価額並びに責任は次のとおりである。

金100万円　千葉県船橋市岩本町一丁目２番19号
有限責任社員　明神　謙太郎

金100万円　千葉県千葉市南区北一丁目２番３号
有限責任社員　京葉セラミック株式会社

（持分の譲渡制限）

第７条　社員は、代表社員の承諾がなければ、その持分の全部または一部を他人に譲渡することができない。

２　前項に伴う本定款の変更は、本定款第５条の規定にかかわらず、代表社員の同意によってすることができる。

３　前２項の規定は、代表社員に事故があるときは、他の業務執行社員がこれに代わる（以下、本定款において、代表社員が行うべき行為の定めがある場合において同様とする。）

第３章　業務執行権及び代表権

（業務執行の権利義務）

第８条　当会社の業務執行社員は、次のとおりとする。

業務執行社員　明神　謙太郎
業務執行社員　京葉セラミック株式会社

（代表社員）

第９条　業務執行社員が２名以上ある場合は、そのうち１名以上を代表社員とし、業務執行社員の互選をもって、これを定める。

（利益相反取引の特則）
第10条　業務執行社員が会社法第595条第１項の取引をする場合は、代表社員の承認を受けなければならない。
２　代表社員が会社法第595条第１項の取引の当事者である場合は、同法同項の承認があったものとみなす。
（業務執行社員の報酬）
第11条　業務執行社員の報酬、賞与その他の職務執行の対価として当会社から受ける財産上の利益は、総社員の同意をもって定める。

第４章　社員の加入及び退社

（社員の加入）
第12条　新たに社員を加入させる場合は、総社員の同意によって定款を変更しなければならない。
（任意退社）
第13条　各社員は、事業年度の終了の時において退社をすることができる。この場合においては、各社員は、３ヶ月前までに会社に退社の予告をしなければならない。
２　前項の規定にかかわらず、各社員は、やむを得ない事由があるときは、いつでも退社することができる。
（法定退社及びその特例）
第14条　各社員は、会社法第607条の規定により退社する。
２　前項の規定にかかわらず、社員が死亡した場合又は合併により消滅した場合においては当該社員の相続人その他の一般承継人が当該社員の持分を承継することとする。

第５章　計　　算

（事業年度）
第15条　当会社の事業年度は、毎年４月１日から翌年３月31日までとする。
２　当会社は、事業年度末日の翌日から３ヶ月以内に決算を確定する。

（損益分配）
第16条　社員の利益分配の割合は、各社員の出資の価額に応じて定める。
2　社員の損失分配の割合は、各社員の出資の価額に応じて定める。

第6章　その他附則

（解散の事由）
第17条　当会社は、次の事由によって解散する。
（1）総社員の同意
（2）会社の合併
（3）社員全員の退社
（4）会社の破産
（5）解散を命ずる裁判

（定款に定めのない事項）
第18条　この定款に規定のない事項は、すべて会社法その他の法令に従う。

以上、合同会社明神商店設立のためこの定款を作成し、有限責任社員が次に記名押印する。

令和5年3月25日

千葉県船橋市岩本町一丁目2番19号
有限責任社員　明神　謙太郎　㊞

千葉県千葉市南区北一丁目2番3号
有限責任社員　京葉セラミック株式会社
代表取締役　千葉　京子　㊞

定款3 現物出資を行う場合

合同会社明神商店 定款

第1章　総　　則

（商号）
第1条　当会社は、合同会社明神商店と称する。
（目的）
第2条　当会社は、次の事業を行うことを目的とする。
（1）インターネット等のネットワークシステムを利用した通信販売業及びインターネットオークションの企画、運営
（2）カジュアル衣料、雑貨の販売、及び輸出入
（3）前号に附帯関連する一切の事業
（本店所在地）
第3条　当会社は、本店を千葉県船橋市に置く。
（公告方法）
第4条　当会社の公告は官報に掲載して行う。
（定款の変更）
第5条　本定款は、総社員の同意によって変更することができる。
2　社員が2名以上ある場合に前項の変更をする際に、社員に下記のいずれかの事由が生じている間は、当該社員の同意は不要とする。
（1）認知症、病気、事故、精神上の障害などによる判断能力の喪失
（2）行方不明
（3）その他同意の意思表示ができない事由
3　前項の規定は、法令または定款において社員の同意、承諾または互選を要する場合に準用する。この場合において、第2項中「同意」とあるのは、「承諾」または「互選」と読み替える。

第2章　社員及び出資

（社員の氏名、住所、出資及び責任）

第6条　社員の氏名、住所、及び出資の価額並びに責任は次のとおりである。

千葉県船橋市岩本町一丁目2番19号
有限責任社員　明神　謙太郎　金100万円（内現物出資100万円）

乗用車　1台
トヨタ　2019年式
車台番号　123-4567
型式　ABC-XYZ789
金90万円

パーソナルコンピューター　1台
パナソニック　2020年製、CF-LV8KN9VS
製造番号　1KKXXXX
金10万円

（持分の譲渡制限）

第7条　社員は、代表社員の承諾がなければ、その持分の全部または一部を他人に譲渡することができない。

2　前項に伴う本定款の変更は、本定款第5条の規定にかかわらず、代表社員の同意によってすることができる。

3　前2項の規定は、代表社員に事故があるときは、他の業務執行社員がこれに代わる（以下、本定款において、代表社員が行うべき行為の定めがある場合において同様とする。）

第3章　業務執行権及び代表権

（業務執行の権利義務）

第8条　当会社の業務執行社員は、次のとおりとする。

業務執行社員　明神　謙太郎

（代表社員）

第９条　業務執行社員が２名以上ある場合は、そのうち１名以上を代表社員とし、業務執行社員の互選をもって、これを定める。

２　業務執行社員が１名の場合は、当該業務執行社員を代表社員とする。

（利益相反取引の特則）

第10条　業務執行社員が会社法第595条第１項の取引をする場合は、代表社員の承認を受けなければならない。

２　代表社員が会社法第595条第１項の取引の当事者である場合は、同法同項の承認があったものとみなす。

（業務執行社員の報酬）

第11条　業務執行社員の報酬、賞与その他の職務執行の対価として当会社から受ける財産上の利益は、総社員の同意をもって定める。

第４章　社員の加入及び退社

（社員の加入）

第12条　新たに社員を加入させる場合は、総社員の同意によって定款を変更しなければならない。

（任意退社）

第13条　各社員は、事業年度の終了の時において退社をすることができる。この場合においては、各社員は、３ヶ月前までに会社に退社の予告をしなければならない。

２　前項の規定にかかわらず、各社員は、やむを得ない事由があるときは、いつでも退社することができる。

（法定退社及びその特例）

第14条　各社員は会社法第607条の規定により退社する。

２　前項の規定にかかわらず、社員が死亡した場合又は合併により消滅した場合においては当該社員の相続人その他の一般承継人が当該社員の持分を承継することとする。

第5章　計　　算

（事業年度）

第15条　当会社の事業年度は、毎年4月1日から翌年3月31日までとする。

2　当会社は、事業年度末日の翌日から3ヶ月以内に決算を確定する。

（損益分配）

第16条　社員の利益分配の割合は、各社員の出資の価額に応じて定める。

2　社員の損失分配の割合は、各社員の出資の価額に応じて定める。

第6章　その他附則

（解散の事由）

第17条　当会社は、次の事由によって解散する。

（1）総社員の同意

（2）会社の合併

（3）社員全員の退社

（4）会社の破産

（5）解散を命ずる裁判

（定款に定めのない事項）

第18条　この定款に規定のない事項は、すべて会社法その他の法令に従う。

以上、合同会社明神商店設立のためこの定款を作成し、有限責任社員が次に記名押印する。

令和5年3月25日

千葉県船橋市岩本町一丁目2番19号

有限責任社員　明神　謙太郎　㊞

第4章 登記手続を行う

第1章 設立を決意 / 第2章 設立計画 / 第3章 定款作成 / 第4章 登記手続 / 第5章 届出一切 / 第6章 設立後1年

第1節 資本金を準備する

第2節 設立登記に必要な書類を作成する

第3節 登記申請書を作成する

第4節 印鑑（改印）届書を作成する

第5節 印刷して綴じる

第6節 登記申請書類を提出する

明神は、浅岡のアドバイスをもとに、浅岡の事務所で、定款の作成作業を進めていました。

浅岡　明神。作業はどんな感じだい？

明神　ちょ、ちょっと今声かけないでください……。
よいしょっと。これで製本完了……はい、定款完成です！

浅岡　おお、できたか。

明神　はい。いろいろと悩んだ定款ですが、こうして冊子のかたちにまとまったのをみると、結構感慨深いものですね～。

浅岡　最近は電子定款も多くなってきているけど、紙定款もそれはそれで味があるのかもしれないね。

明神　定款を読むと、“ああ、自分の会社なんだ”って感じがします。ネットのコピペで作らなくて、本当によかった。

浅岡　よし、じゃあそろそろ次の作業『登記手続』といこうか。

第1節 資本金を準備する

明神：登記手続って何から始めたらいいんでしょう？

浅岡：そうだな、資本金の準備から始めよう。

明神：おっと、財務・会計の分野ですね

浅岡：そう。まずは、振込先とする銀行の口座を決めよう。明神名義の個人口座でOKだよ。

明神：会社を設立するための資本金なのに、個人の口座に振り込んでも大丈夫なんですか？

浅岡：新しい会社名義の口座は、まだ開設できていないだろう。だから、代表社員の個人口座に振込みを行うことになっているんだ。

明神：なるほどなー。じゃあ、その振込先とする個人口座は、新しく銀行で開設する必要がありますか？

浅岡：いや、既存の口座と新規開設の口座、どちらでもかまわない。ただし、個人の財産と会社の財産を区分けして管理できるような口座が望ましいな。

明神：わかりました。個人と会社のお金をキチンと分けて管理できるように、新規に口座を開設して、会社の資本金の払込みをしたいと思います。

浅岡：経理マンらしく几帳面でよろしい！
振込手続が済んだら、その口座の通帳をコピーして、「払込みがあったことを証する書面」を作成するんだ。ホチキスが必要になるから、用意しておいてくれないか。

定款が完成したら、次は登記手続に進みます。まずは資本金の払込みです。

(1) 出資金を払い込む

合同会社の設立において、定款の作成後設立の登記を行うまでに、社員になろうとする者は、出資する金銭または金銭以外の財産の全部を、会社に払込みまたは給付しなければなりません。

合同会社の資本金を準備するうえでメインとなる手続は、銀行の口座への振込みです。定款の作成日と同日か、それ以降の日に、全員が振込みを行う必要があります。振込先は、設立する合同会社の代表社員となる者の個人口座です。既に使用している口座もしくは新規開設の口座、どちらでもかまいません。

なお、振込みを行う際は、後の登記申請において出資の事実が確認できるよう、振込元の社員の名前が記録に残るかたちで手続しましょう。とりわけ、複数の社員から振込みを行う際には、取りまとめて振込みを行わずに、社員それぞれの名前と振込金額（出資金額）が個別に記録に残るように注意して、手続を行います。

(2) 現物出資を行う

前述の通り、合同会社の資本金には、金銭以外の財産による現物出資を行うことも認められています。現物出資の具体例は、車やパソコン、備品などです（42頁、120頁参照）。

現物出資を行う際は、出資する財産を適正に評価することに留意する必要があります。過小な評価をした際には、追徴課税などが生じるおそれがあるので、気をつけてください。

(3) 払込みがあったことを証する書面を作成する

出資金の払込みが済んだら、会社設立の登記申請に必要となる**「払込みがあったことを証する書面」**（払込証明書）の作成を行います。

「払込みがあったことを証する書面」の構成

①払込みがあったことを証する書面
（当書面を表紙として、②③④とともにホチキス留め）
②預金通帳の表紙 コピー
③預金通帳の表紙裏面 コピー
（銀行・支店名、口座番号、口座名義人の記載ページ）
④預金通帳の取引明細ページ コピー
（出資金の払込みに該当する振込箇所にマーカーまたは下線）

①〜④はすべてA4サイズの用紙を使用し、資料4－1のように作成していきます。**①払込みがあったことを証する書面**を先頭に、預金通帳の各所のコピーを添付書類として準備します。

①払込みがあったことを証する書面では、日付欄には「実際に振込みを行った日付以降の日」を、払込みを受けた金額欄には「資本金の額」を記載します。なお、令和3年より、押印の有無について審査を要しないものとされ、押印義務がなくなりました。

各書類が揃ったら、①〜④の順番に並べて重ね、左側2箇所をホチキスで留めます。そのうえで、添付した預金通帳の取引明細ページの、コピーの振込みに関する部分に、マーカーまたは下線等を付す等します。これにより準備は完了です。

なお、現物出資を行う場合は、下記の書類⑤⑥を別途作成します。

現物出資を行う場合の別途作成書類

⑤財産引継書
⑥資本金の額の計上に関する証明書

資料4－1 払込みがあったことを証明する書面の作成

①払込みがあったことを証する書面

払込みがあったことを証する書面

当社の資本金については以下のとおり、全額の払込みがあったことを証明します。

払込みを受けた金額　金１５０万円　（資本金の額）

令和５年４月３日　（振り込んだ日付以降の日）

合同会社明神商店
代表社員　明神謙太郎

②預金通帳の表紙コピー

総合口座通帳
明神謙太郎様

③預金通帳の表紙裏面 コピー

総合口座
明神謙太郎様
○○銀行
○○支店

④預金通帳の取引明細ページ コピー

総合口座

	ﾐﾖｳｼﾞﾝ	1,500,000

①～④の書類を並べて重ね、左側２箇所をホチキスで留めます

資料4－2　現物出資を行う場合に必要となる書類

⑤財産引継書

財産引継書

現物出資の目的たる財産の表示
　　（１）乗用車　　１台
　　　　トヨタ　２０１９年式
　　　　車体番号　１２３－４５６７
　　　　型式　　ＡＢＣ－ＸＹＺ７８９
　　　　この金額 金９０万円
　　（２）ノートパソコン　　１台
　　　　パナソニック　２０２０年製
　　　　ＣＦ－ＬＶ８ＫＮ９ＶＳ
　　　　製造番号　１ＫＫＸＸＸＸ
　　　　この金額　金１０万円
以上の金額の合計　金１００万円
以上、私所有の上記財産を現物出資として給付します。

令和５年４月３日　（現物出資した日付）
　　　住所　千葉県船橋市岩本町一丁目２番１９号
　　　氏名　明神謙太郎

合同会社明神商店　御中

⑥資本金の額の計上に関する証明書

資本金の額の計上に関する証明書

①払込みを受けた金銭の額　　金 ○○万円　（金銭出資の金額）
②給付を受けた金銭以外の財産の出資時における価額
　（会社計算規則第44条第１項第１号）　　金 ○○万円　（現物出資の金額）
③「①＋②」　　金 ○○万円

資本金○○万円は、会社計算規則第44条の規定に従って
計上されたことに相違ないことを証明する。
令和５年４月３日
　　　　　　合同会社明神商店
　　　　　　代表社員　明神謙太郎

第2節 設立登記に必要な書類を作成する

浅岡「さぁ、設立登記に必要な書類を準備していこう。登記申請書に加えて、所定の添付書類をそろえていこう。」

明神「登記申請って、結構たくさんの書類が必要になるんですね。」

浅岡「その通り。混乱しないように、1つずつ丁寧に作成していこう。」

明神「はい、わかりました。」

浅岡「まずは、添付書類の用意から始めよう。『定款』と『払込みがあったことを証する書面』は既にできあがっているね？」

明神「はい。作成済みです！」

浅岡「よろしい。じゃあ、『代表社員、本店所在地および資本金決定書』と『代表社員の就任承諾書』の作成にかかろう。これらの書類は、社員の数や法人が代表社員に就く場合などで作成のポイントが変わってくるので、注意が必要なんだ。」

明神：うーむ。気を付けて作っていかないといけないな……。

浅岡：さらに、現物出資を行う場合や、代表社員が法人で職務執行者を選定する場合、代理人が申請する場合には、それぞれ追加で必要となる添付書類があるので、忘れないように。

明神：いっぺんにたくさん言われても、わかりませんよー（泣）。

浅岡：すまんすまん。ちゃんと1つずつ教えるから。

明神：ホッ（安心）。

浅岡：様式に沿って作成していけば、難しくはないぞ。

次はいよいよ、法務局へ設立登記を申請するための書類の作成に取りかかります。

(1) 合同会社の設立登記に必要となる書類

合同会社の設立登記を申請するには、**第2章**（57頁）でも述べた通り、次の書類が必要です（すべてA4サイズの用紙を使用）。

ア）設立登記に必要となる書類一覧

【登記申請書および添付書類】 《本書該当頁》

- 合同会社設立登記申請書……158～163頁
- 登記すべき事項（別紙もしくはCD-R等）……164～168頁
- 収入印紙貼付台紙……163～164頁
- 定款（紙もしくはCD-R等）……**第3章**の**第8節**
- 代表社員、本店所在地及び資本金決定書……149～151頁
- 代表社員の就任承諾書……152～153頁
- 払込みがあったことを証する書面……143頁

【現物出資を行う場合】（追加として）

- 財産引継書……144頁
- 資本金の額の計上に関する証明書……144頁

【業務執行社員が法人の場合】（追加として）

- 法人の登記事項証明書……161頁

【代表社員が法人の場合】（追加として）

- 職務執行者の選任に関する書面……154頁
- 職務執行者の就任承諾書……155頁

【代理人が申請する場合】（追加として）

- 委任状……156頁

イ）代表者印の届出に必要となる書類一覧

また、設立登記の申請時には、新設する合同会社の代表者印の届出を同時に行うことが一般的です。

令和３年より代表者印の届出は任意となりましたが、届出をしていない場合は書面での申請ができず不便なため、従前と同様に代表者印の届出をしている会社が多いようです。

【印鑑届書および添付書類】 《本書該当頁》

- 印鑑（改印）届書……………………………………170～171頁
- 市区町村発行の代表社員個人の印鑑証明書……170頁

【代表社員が法人の場合】（上記の個人の印鑑証明書に替えて）

〔法人代表者と職務執行者が同一の場合〕

- 法人の代表者事項証明書…………………………172頁
- 法人の代表者印の印鑑証明書……………………172頁
- 法人の代表者の保証書……………………………172頁

(2) 添付書類の作成

ア）代表社員、本店所在地及び資本金決定書

定款の作成時に、代表社員、本店所在地（具体的な番地等まで）、資本金の額について定めを置かなかった場合には、それらを決定する書面の作成を行う必要があります。

社員が１人の場合、複数名の場合、代表社員が法人の場合と、ケースによって作成時の留意点が異なりますので、該当するケースの見本書式を参考に作成してください。

①社員が１人の場合

社員が１人の場合は、代表社員の選定手続がありませんので、**「本店所在地及び資本金決定書」**を作成することとなります（資料４－３）。

なお、定款の作成時に、既に本店所在地（具体的な番地などまで）と資本金の額についてどちらも定めを置いた場合には、この決定書の作成は必要ありません。

資料4－3　本店所在地及び資本金決定書

本店所在地及び資本金決定書

１．本店　　　千葉県船橋市岩本町一丁目２番１９号

２．資本金　　１５０万円

○丁目は漢数字で表記

上記事項を決定する。

令和５年４月３日

定款作成日
以降の日

合同会社明神商店

社員　明神謙太郎

②社員が複数名の場合

社員が複数名の場合は、互選により代表社員を定めることが一般的ですので、「代表社員、本店所在地及び資本金決定書」を作成します（資料４－４）。

なお、定款の作成時に、既に代表社員、本店所在地（具体的な番地などまで）、資本金の額の定めを置いた場合には、この決定書の作成は必要ありません。

資料4－4　代表社員、本店所在地及び資本金決定書

代表社員、本店所在地及び資本金決定書

１．代表社員　　明神謙太郎
２．本店　　　　千葉県船橋市岩本町一丁目２番１９号
３．資本金　　　１５０万円

○丁目は漢数字で表記

上記事項を決定する。
令和５年４月３日

定款作成日以降の日

合同会社明神商店
社員　明神謙太郎

社員　明神まりえ

③社員が複数名、代表社員が法人の場合

代表社員が法人の場合は、その法人の代表者が記名を行います（資料４－５）。

なお、定款の作成時に、既に代表社員、本店所在地（具体的な番地などまで）、資本金の額の定めを置いた場合には、この決定書の作成は必要ありません。

資料4－5　代表社員、本店所在地及び資本金決定書

代表社員、本店所在地及び資本金決定書

１．代表社員　　京葉セラミック株式会社
２．本店　　　　千葉県船橋市岩本町一丁目２番１９号
３．資本金　　　１５０万円

○丁目は漢数字で表記

上記事項を決定する。

令和５年４月３日

定款作成日以降の日

合同会社明神商店
社員　京葉セラミック株式会社
　　　代表取締役　千葉京子
社員　明神謙太郎

法人の場合は代表者が記名する

イ）代表社員の就任承諾書

社員が複数名の場合で、互選により代表社員を定めたときには、その本人が代表社員に就任することを承諾した書面を作成する必要があります（資料４－６）。

資料4－6　代表社員の就任承諾書

就任承諾書

私は、令和５年４月３日、貴社の代表社員に定められたので、その就任を承諾します。

令和５年４月３日

決定書作成日以降の日

個人の印鑑証明書の住所を記載

千葉県船橋市岩本町一丁目２番１９号

明神謙太郎

合同会社明神商店　御中

また、代表社員が法人の場合は、その法人の代表者が記名を行います（資料４－７）。

資料4－7　代表社員が法人の場合の就任承諾書

就任承諾書

私は、令和５年４月３日、貴社の代表社員に定められたので、その就任を承諾します。

法人の代表者が記名する

令和５年４月３日

決定書作成日以降の日

千葉県千葉市南区北一丁目２番３号
京葉セラミック株式会社
代表取締役　　千葉京子

合同会社明神商店　御中

ウ）職務執行者の選任に関する書面と就任承諾書

代表社員に法人が就いた場合、その職務を遂行していく役割の職務執行者を、法人の役職員などより選任します。

この選任に関する書面として、取締役会議事録などを作成する（資料４－８）ほか、職務執行者に就任することへの承諾書を作成します（資料４－９）。

資料4－8　職務執行者の選任に関する書面

取締役会議事録

令和５年４月３日午前１０時、当会社の本店において、取締役３名（総取締役数３名）出席のもとに、取締役会を開催し、下記議案につき可決確定のうえ、午前１０時３０分散会した。

１．職務執行者選任の件

取締役千葉京子は選ばれて議長となり、今般合同会社明神商店の代表社員として当会社が選定されることに伴い、職務執行者を選任したい旨を述べ、慎重協議した結果、全員一致をもって次のとおり選任した。

なお、被選任者はその就任を承諾した。

職務執行者　千葉県船橋市岩本町一丁目２番１９号
　　　　　　明神謙太郎

上記の決議を明確にするため、この議事録を作り、出席取締役の全員がこれに記名押印する。

令和５年４月３日

京葉セラミック株式会社
議長・代表取締役　千葉京子　㊞
取締役　○○○○　㊞
取締役　○○○○　㊞

㊞　㊞　㊞

法務局届出の会社の代表者印

捨印

個人の認印

資料4－9　職務執行者の就任承諾書

就任承諾書

私は、令和５年４月３日、合同会社明神商店代表社員の職務執行者に選任されたので、その就任を承諾します。

令和５年４月３日

千葉県船橋市岩本町一丁目２番１９号
明神謙太郎

京葉セラミック株式会社　御中

エ）委任状

登記申請は、設立する合同会社の代表社員が行うこととされていますが、代表社員ではない代理人による申請も認められています。代理人による申請を行う場合には、委任状を添付書類に加える必要があります（資料４－10）。

資料4－10　委任状

委　任　状

東京都○○区○○○丁目○番○○号

○○○○

私は、上記の者を代理人に定め、次の権限を委任する。

１　当会社設立登記を申請する一切の件

令和５年４月３日

千葉県船橋市岩本町一丁目２番１９号

合同会社明神商店

㊞ ― 捨印　　代表社員　　明神謙太郎　㊞

（法務局届出の会社の代表者印）

第3節 登記申請書を作成する

浅岡：設立登記の申請準備は、順調に進んでいるかな？

明神：えっと、添付書類はほぼカンペキに準備できました！ あとは設立登記申請書の作成ですけど、ネットで調べていたら、『登記すべき事項』の作成方法にもいろいろあることがわかったんです。できたら簡単な方法がいいんだけどなあ。

浅岡：そう、『登記すべき事項』の作成方法はいろいろあるんだ。別紙として記載していくほかに、CD-Rに記録することや、またはオンライン申請もできるんだ。それぞれ特徴があるから、順に説明していこう。

明神：その申請書を作成したら、これで本当にカンペキですね!?

浅岡：いやいや。登記申請書の作成が終わったら、印鑑届書の作成があるんだ。まずは登記申請書を完成させよう。

明神：はい！　早速、登記申請書の作成に取りかかります！

(1) 合同会社設立登記申請書の記載

添付書類がそろったら、次は各記載例などを参考に、登記申請書の作成に取りかかりましょう。法務局Webサイト[4-1]からダウンロード・印刷した記載用フォーマットを活用するのも手です。

なお、登記申請で不明な点については、本店所在地を管轄している法務局に事前相談することができます（予約制）。司法書士に相談してもよいでしょう。

設立の登記は、原則として設立後の合同会社を代表する代表社員が申請するので、申請書には代表社員が法務局に提出した印鑑（会社代表者印）を使用して記名押印します。代表社員が法人の場合、職務執行者が申請することになります。また、代理人による申請も可能です。

登記申請書（収入印紙貼付台紙を含む）が複数ページになる場合は、各ページの綴《つづ》り目に契印する必要があります。契印は、登記申請書に押した印鑑（代表社員が法務局に提出した印鑑または代理人の印鑑）と同一の印鑑を使用する必要があります。

4-1　https://houmukyoku.moj.go.jp/homu/COMMERCE_11-1.html

ア）金銭出資の場合

資料4－11　金銭出資の場合

会社代表者印を捨印

合同会社設立登記申請書

フリガナをつける

　フリガナ　　　① ミョウジンショウテン

1．商　号　　　　合同会社明神商店

1．本　店　　　② 千葉県船橋市岩本町一丁目２番１９号

1．登記の事由　③ 設立の手続終了

1．登記すべき事項 ④ 別紙のとおり

1．課税標準金額　⑤ 金　１５０万円

1．登録免許税　⑥ 金　６０，０００円

1．添付書類 ⑦

定款	１通
代表社員，本店所在地及び資本金決定書	１通
代表社員の就任承諾書	１通
払込みがあったことを証する書面	１通

　上記のとおり登記の申請をします。

⑧ 令和　５年　４月　３日　　提出日（設立日）を記載

⑨ 千葉県船橋市岩本町一丁目２番１９号
　申請人　　合同会社明神商店

⑩ 千葉県船橋市岩本町一丁目２番１９号
　代表社員　明神謙太郎

会社代表者印を押印

申請書が複数ページの場合は契印する

⑪ 連絡先の電話番号　xxx－xxx－xxxx

⑫
××　法務局　××　　支　局　　御中

① 商号のフリガナは会社の種類を表す部分（合同会社）を除いて、片仮名《カタカナ》で、左詰めで記載

② 本店所在地を記載

③ 「設立の手続終了」と記載

④ 「別紙のとおり」「別添CD－Rのとおり」「別紙のとおり内容をオンラインにより提出済み」のいずれかを記載

⑤ 資本金の額を記載

⑥ 資本金の額の1,000分の７（６万円に満たないときは、申請件数１件につき６万円）

⑦ 登記申請書に添付する書類を記載（詳細は各記載例を参照）

⑧ 提出する日（会社設立日）を記載

⑨ 合同会社（申請人）の商号と本店所在地を記載

⑩ 代表者の氏名と住所を記載（代理人によって申請するときは、その代理人の氏名と住所を追記します（詳細は**エ）代理人が申請する場合**を参照）

⑪ 法定の記載事項ではないが、登記所から申請人に連絡できるように連絡先の電話番号を記載するのが一般的

⑫ 登記申請書を提出する登記所（法務局および支局または出張所）を記載

イ）現物出資がある場合

ア）金銭出資の場合の⑦**添付書類の事項**に、「財産引継書」と「資本金の額の計上に関する証明書」の追加記載が必要になります。あわせて追加添付書類を準備します。

ウ）業務執行社員が法人である場合

ア）金銭出資の場合の⑦**添付書類の事項**に、「法人の登記事項証明書」、代表社員が法人の場合はさらに「職務執行者の選任に関する書面」、「職務執行者の就任承諾書」の追加記載が必要になります（資料４－12）。あわせて追加添付書類を準備します。

なお、「法人の登記事項証明書」は、申請する登記所の管轄区域内に当該法人の本店または主たる事務所があるときは不要です。また、申請する登記所と同一の登記所に当該法人の登記がない場合でも、申請書には当該法人の会社法人等番号を記載することで添付を省略することができます。この場合には、次のように記載します。

登記事項証明書　添付省略 （会社法人等番号　ｘｘｘｘ－ｘｘ－ｘｘｘｘｘｘ）

資料4－12　法人が代表社員で金銭出資の場合

会社代表者印を捨印

合同会社設立登記申請書

フリガナをつける

フリガナ　①ミョウジンショウテン

1．商　号　合同会社明神商店

1．本　店　②千葉県船橋市岩本町一丁目２番１９号

1．登記の事由　③設立の手続終了

1．登記すべき事項　④別紙のとおり

1．課税標準金額　⑤金　１５０万円

1．登録免許税　⑥金　６０，０００円

1．添付書類

定款 ⑦	１通
代表社員，本店所在地及び資本金決定書	１通
代表社員の就任承諾書	１通
法人の登記事項証明書	１通
職務執行者の選任に関する書面	１通
職務執行者の就任承諾書	１通
払込みがあったことを証する書面	１通

提出日（設立日）を記載

上記のとおり登記の申請をします。

令和　５年　４月　３日

会社代表者印を押印

⑧　⑨千葉県船橋市岩本町一丁目２番１９号

申請人　合同会社明神商店

千葉県千葉市南区北一丁目２番３号

⑩代表社員　京葉セラミック株式会社

職務執行者　千葉京子

⑪連絡先の電話番号　xxx－xxx－xxxx

申請書が複数ページの場合は契印する

代表社員となる法人会社名、法人名、職務執行者の氏名、連絡先を記入

⑫××　法務局　××　支　局　御中

①～⑫は**金銭出資の場合の解説**（160頁）を参照。

エ）代理人が申請する場合

登記の申請については、代理人によって行うことも認められています。その場合は、**ア）金銭出資の場合**の⑦**添付書類の事項**に「委任状」の追加記載が必要です。あわせて追加添付書類を準備します。登記申請書に⑩**代理人の氏名および住所**を追記し、代理人の印鑑（認印）を押します。この場合、代表社員の押印は必要ありません。

(2) 登録免許税の納め方

合同会社設立の登録免許税は、課税標準（資本金の額）の1000分の7です。ただし、その金額が6万円に満たない場合は、6万円となります。

登録免許税は、収入印紙または領収証書[4-2]で納めます。

A4の用紙などで作成した収入印紙貼付台紙に貼付した収入印紙（資料4－13）は、汚したり割印をしたりしてしまうと無効になるので、気をつけましょう。

4－2　登録免許税額に相当する金額を納付書とともに日本銀行またはその代理店に納付すると交付される。

資料4－13　収入印紙貼付台紙

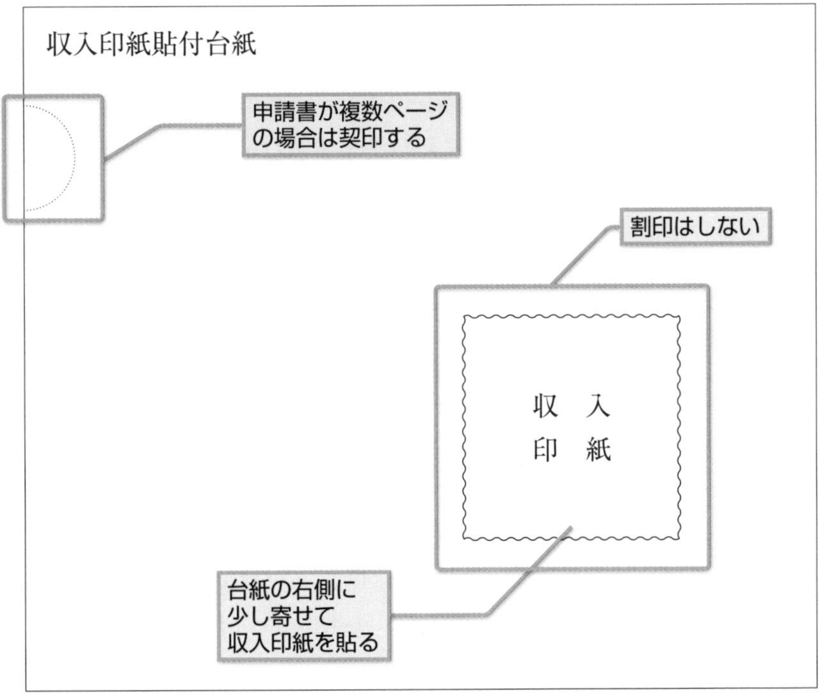

(3)　登記すべき事項の作成

ア）登記すべき事項の提出方法

「登記すべき事項」の作成および提出方法は、おもに次の①～④[4-3]です。

4－3　①～④以外にも、登記・供託オンライン申請システムを利用し、オンラインで登記申請を行う方法がある（完全オンライン申請）。完全オンライン申請は、電子署名および電子証明書の手続が必要だが、とくに一人合同会社（社員が1人で、その者が代表者である合同会社）の設立については、申請書情報・添付書面情報のすべてに必要な電子署名を付けられるので、⑤番目の方法として検討の余地もある。詳細は法務局「一人会社の設立登記申請は完全オンライン申請がおすすめです！」（下記）参照。
https://www.moj.go.jp/MINJI/minji06_00117.html

①直接記載する方法 **②別紙を作成して記載する方法** **③CD-Rなどの電磁的記録媒体に記載する方法** **④登記すべき事項をオンライン申請により提出する方法**

①直接記載する方法

設立登記申請書に登記すべき事項を直接記載していきます。ただし、会社設立においては登記すべき事項が多いことから、別紙を作成することが一般的です。

②別紙を作成して記載する方法

申請書の登記すべき事項に直接事項を記載する他に、別紙（A4サイズ）用紙を作成する方法があります。その場合には、作成した別紙と設立登記申請書を合てつ[4-4]し、契印します。

③CD-Rなどの電磁的記録媒体に記載する方法

直接記載または別紙による作成に代えて、電磁的記録媒体を提出することができます。その場合、電磁的記録媒体自体が申請書の一部となりますので、電磁的記録媒体の内容を別途印刷して添付する必要はありません。

電磁的記録媒体を提出する際の種類や注意事項について、詳しくは法務局のWebサイト[4-5]をご参照ください。

④登記すべき事項をオンライン申請により提出する方法

登記すべき事項は、あらかじめ登記・供託オンライン申請シ

4-4　合てつ……合綴。いくつかの用紙や冊子などを綴じ合わせて、1つにすること。
4-5　https://www.moj.go.jp/MINJI/MINJI50/minji50.html

ステムを利用して送信することでも提出できます。申請用総合ソフト（無料ダウンロード）で申請書を作成できます。

この場合、電子署名および電子証明書の手続は必要ありません[4-6]。登記すべき事項のオンライン申請により受付番号・補正・手続終了などのお知らせを受けることもできます。詳しくは、法務局Webサイト「登記・供託オンライン申請システムによる登記事項の提出について」[4-7]をご参照ください。

登記すべき事項のオンライン申請手順

①申請用総合ソフトを起動
②登記・供託オンライン申請システムにログイン
③登記事項提出書の作成
④登記事項提出書データを送信
⑤到達通知を確認し、印刷
⑥登記申請書[4-8]に押印し、登録免許税分の領収証書または収入印紙を貼付して、添付書面および印刷した到達通知とともに、管轄登記所に提出（持参または送付）
⑦補正がある場合は、お知らせが通知される
⑧登記が完了すると、手続終了のお知らせが通知される

イ）登記すべき事項の別紙の例

ここでは、登記すべき事項の提出方法②**別紙を作成して記載する方法**を例にします（資料４－14、資料４－15）。

4−6　ただし、定款を電子定款で作成し、添付資料としてオンライン申請する場合は、電子定款にまつわる電子証明書は必要（102頁参照）。
4−7　https://www.moj.go.jp/MINJI/minji06_00051.html
4−8　登記事項提出書を印刷すると、申請書および委任状（作成した場合のみ）の様式で印刷されるので、これを申請書および委任状として利用することができる。

資料4－14 社員1人で設立する場合

別紙

左上に「別紙」と記載、CD-R記載時は記載の必要は特になし

「商号」合同会社明神商店

「本店」千葉県船橋市岩本町一丁目２番19号

「公告をする方法」官報に掲載する方法により行う

「目的」

１．インターネット等のネットワークシステムを利用した通信販売業及びインターネットオークションの企画、運営

２．アパレル、雑貨の販売及び輸出入

３．前各号に付帯関連する一切の事業

「資本金の額」１５０万円

「万」「億」「兆」を使用し、「千」「，」は使用しない

「社員に関する事項」

「資格」業務執行社員

「氏名」明神謙太郎

「社員に関する事項」

「資格」代表社員

「住所」千葉県船橋市岩本町一丁目２番19号

「氏名」明神謙太郎

「登記記録に関する事項」設立

「設立」と記載

資料4－15　代表社員に法人が入る場合

別紙

左上に「別紙」と記載、CD-R記載時は記載の必要は特になし

「商号」合同会社明神商店

「本店」千葉県船橋市岩本町一丁目２番19号

「公告をする方法」官報に掲載する方法により行う

「目的」

１．インターネット等のネットワークシステムを利用した通信販売業及びインターネットオークションの企画、運営

２．アパレル、雑貨の販売及び輸出入

３．前各号に付帯関連する一切の事業

「資本金の額」１５０万円

「社員に関する事項」

「資格」業務執行社員

「氏名」京葉セラミック株式会社

「社員に関する事項」

「資格」業務執行社員

「氏名」千葉京子

「社員に関する事項」

「資格」代表社員

「住所」千葉県千葉市南区北一丁目２番３号

「氏名」京葉セラミック株式会社

「職務執行者」

「住所」千葉県xx市xxx丁目x番xx号

「氏名」千葉京子

法人が代表社員の場合は、職務執行者に関する記載をする

「登記記録に関する事項」設立

第4節　印鑑（改印）届書を作成する

明神：登記申請書はなんとか完成しました！
たしか、次は印鑑届書の作成でしたっけ？

浅岡：そう、会社が契約を結ぶときに使う代表者印を、法務局に届け出るんだ。

明神：ふむふむ。

浅岡：印鑑届書は、登記の申請書と同時に提出もできるから、あわせて準備しておこう。

明神：わかりました！

浅岡：印鑑届書の作成が終わったら、登記申請の書類はほぼそろったはずだ。念のため、最初にまとめておいた必要書類のリストを、もう一度見直そうか。

明神：はい！　見直します！

設立登記申請書を提出する際は、代表社員（代表者）が押印すべき印鑑を法務局にあらかじめ提出することになっていますが、申請書の提出と同時に行うこともできます。用紙は法務局などで入手するか、法務局Webサイト[4-9]からダウンロードします。

(1) 印鑑届書の提出と必要な添付書類

印鑑（改印）届書の提出には、市区町村役場で印鑑登録をした代表社員個人の印鑑証明書の添付が必要です。作成後3か月以内という有効期限に注意してください。

印鑑届書で提出した会社代表者印が、そのまま印鑑証明書の印影になりますので、丁寧に押しましょう（資料4－16）。

4－9　https://houmukyoku.moj.go.jp/homu/COMMERCE_11-2.html

資料4－16　会社代表者が印鑑届書を提出する場合

印鑑（改印）届書

代表社員と記載

※ 太枠の中に書いてください。

（地方）法務局　　　支局・出張所　　　年　月　日　届出

（注１）（届出印は鮮明に押印してください。）

提出する印鑑

商号・名称		合同会社明神商店
本店・主たる事務所		千葉県船橋市岩本町一丁目2番19号
印鑑提出者	資格	代表取締役・取締役・代表理事 理事・（　代表社員　）
	氏名	
	生年月日	大・昭・㊥・西暦　1 年 7 月 10 日生
会社法人等番号		

□ 印鑑カードは引き継がない。

（注２）
□ 印鑑カードを引き継ぐ。
印鑑カード番号
前任者

届出人（注３）　☑ 印鑑提出者本人　　□ 代理人

住所	千葉県船橋市岩本町一丁目2番19号
フリガナ	ミョウジン　ケンタロウ
氏名	明神謙太郎

（注３）の印
（市区町村に登録した印）
※ 代理人は押印不要

市区町村に登録済みの印鑑
（代表社員個人の実印）

委　任　状

私は，（住所）

（氏名）

を代理人と定め，□印鑑（改印）の届出，□添付書面の原本還付請求及び受領の権限を委任します。

年　月　日

住　所

氏　名　　　　印　（注３）の印〔市区町村に登録した印鑑〕

□ 市区町村長作成の印鑑証明書は，登記申請書に添付のものを援用する。（注４）

（注１）　印鑑の大きさは，辺の長さが１㎝を超え，３㎝以内の正方形の中に収まるものでなければなりません。

（注２）　印鑑カードを前任者から引き継ぐことができます。該当する□にレ印をつけ，カードを引き継いだ場合には，その印鑑カードの番号・前任者の氏名を記載してください。

（注３）　本人が届け出るときは，本人の住所・氏名を記載し，**市区町村に登録済みの印鑑**を押印してください。代理人が届け出るときは，代理人の住所・氏名を記載（押印不要）し，委任状に所要事項を記載し（該当する□にはレ印をつける），本人が**市区町村に登録済みの印鑑**を押印してください。なお，本人の住所・氏名が登記簿上の代表者の住所・氏名と一致しない場合には，代表者の住所又は氏名の変更の登記をする必要があります。

（注４）　この届書には作成後３か月以内の**本人の印鑑証明書**を添付してください。登記申請書に添付した印鑑証明書を援用する場合（登記の申請と同時に印鑑を届け出た場合に限る。）は，□にレ印をつけてください。

印鑑処理年月日				
印鑑処理番号	受付	調査	入力	校合

（乙号・８）

(2) 代表社員が法人の場合

代表社員が法人である場合、当該社員の職務執行者が、登記所に印鑑届書を提出します。代表者と職務執行者が同一の場合は、代表者事項証明書と代表者印の印鑑証明書を、代表者と職務執行者が別の場合は代表者の保証書（資料4－17）と代表者印の印鑑証明書を、追加で添付します。代表者事項証明書や代表者印の印鑑証明書を追加添付する場合は、事前に法務局へ交付の申請をします。また、登記所の管理区域内に代表社員である法人の本店がある場合は、追加添付書類のいずれも要しないこともあります。

詳しくは法務局へお問い合わせください。

資料4－17　代表者の保証書

保証書

商号　合同会社　明神商店
本店　千葉県船橋市岩本町一丁目２番19号
代表社員
　住所　千葉県千葉市南区北一丁目２番３号
　京葉セラミック株式会社
　職務執行者　明神謙太郎
生年月日　平成１年７月10日

提出する印鑑を押印

上記印鑑が当社職務執行者明神謙太郎の印鑑に相違ないことを保証します。
令和５年４月３日

（住所）千葉県千葉市南区北一丁目２番３号
（会社名）京葉セラミック株式会社
代表取締役　千葉京子

法務局に提出済の印鑑

第5節 印刷して綴じる

浅岡　設立登記申請書の作成、調子はどうだい？

明神　はい、登記すべき事項も作成したし、申請書も完成できました！　これでカンペキだ！
いよいよ合同会社設立か～、ワクワクするなあ。

浅岡　最後に、準備した申請書と添付資料を製本して、提出書類の完成になるぞ。あともう少しだ。

明神　でも、登記申請書類ってどう製本したらいいのかな。
順番とか難しそうだし、面倒だな。

浅岡　慌てずに落ち着いて行えば、そんなに心配することはないよ。

明神　はい、わかりました！

本節では、提出書類のまとめ方について解説します。

なお、提出書類のまとめ方等で不明点がある場合は、法務局に事前相談ができます（予約制）。

(1) 登記申請書類を綴じる

ア) 「登記すべき事項」を別紙に記載した場合

別紙(登記すべき事項)を申請書と合てつします(資料４－18)。

Ⓐ 登記申請書（登記申請書、別紙、収入印紙貼付台紙）
Ⓑ 登記申請書に記載がある添付書類
Ⓒ 印鑑届書
Ⓓ 印鑑届書に添付する書類

① 書類Ⓐと Ⓑを上から登記申請書、別紙、収入印紙貼付台紙、添付書類の順番（登記申請書添付書類の記載順）に重ねて、左側をホチキスなどで留めます。

② Ⓐの登記申請書、別紙、収入印紙貼付台紙の各ページの綴り目に印鑑を押して契印をしていきます。その際は、登記申請書に押印した同一の印鑑を使用する必要があります。

③ 最後に、**1)** Ⓐ登記申請書およびⒷ登記申請書の添付書類、**2)** Ⓒ印鑑届書、Ⓓ印鑑届書の添付書類をクリップでまとめれば完成です。

資料4－18 「登記すべき事項」を別紙に記載した場合の綴じ方

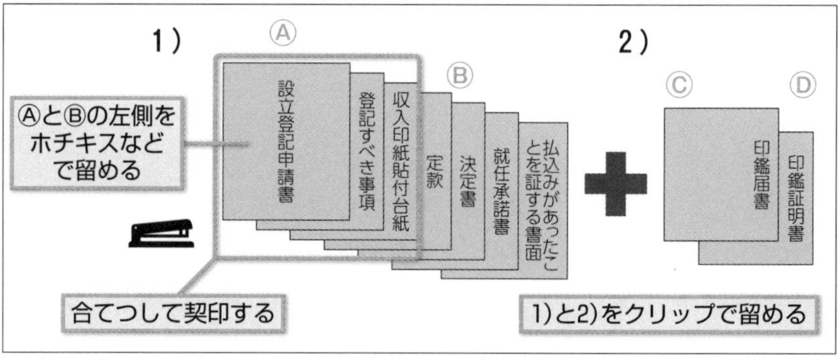

イ）「登記すべき事項」を電磁的記録媒体に記載した場合

ア） と同様に合てつします(資料４－19)。

Ⓐ　登記申請書（登記申請書、収入印紙貼付台紙）
Ⓑ　登記申請書に記載がある添付書類
Ⓒ　印鑑届書
Ⓓ　印鑑届書に添付する書類
Ⓔ　電磁的記録媒体

① 書類Ⓐと Ⓑを上から登記申請書、収入印紙貼付台紙、添付書類の順番（登記申請書添付書類の記載順）に重ねて、左側をホチキスなどで留めます。

② Ⓐの登記申請書、収入印紙貼付台紙の各ページの綴り目に契印をしていきます。契印は、登記申請書に押印した同一の印鑑を使用する必要があります。

③ 最後に、**1）**Ⓐ登記申請書およびⒷ登記申請書の添付書類、**2）**Ⓒ印鑑届書、Ⓓ印鑑届書の添付書類、Ⓔ電磁的記録媒体（CD－R等）をクリップでまとめれば完成です。

資料4－19　「登記すべき事項」を電磁的記録媒体で記載した場合

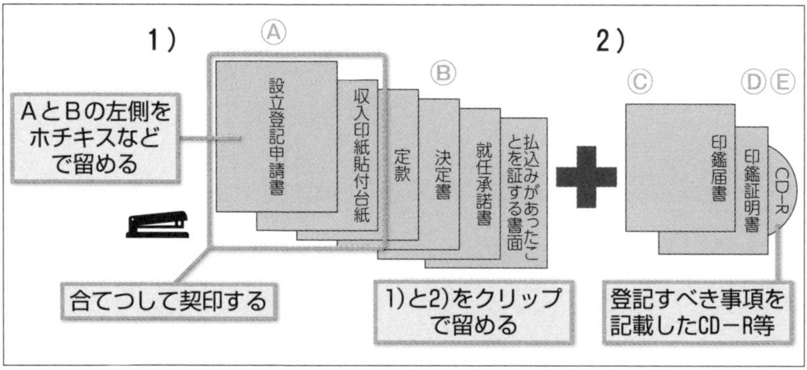

ウ）「登記すべき事項」をオンライン申請により提出した場合

下記の通りです。

① 申請用総合ソフトから印刷した登記申請書に、印鑑届書で押印した印鑑を使用し、登記すべき事項および収入印紙貼付台紙とともに合てつし、契印します（資料４－20）。

② 「登記すべき事項」をオンライン申請したときの到達通知を印刷し、①の登記申請書等と添付書類、印鑑届書、印鑑届書に必要な添付書類を添えれば完成です。

資料4－20　申請用総合ソフトから印刷した登記申請書の契印

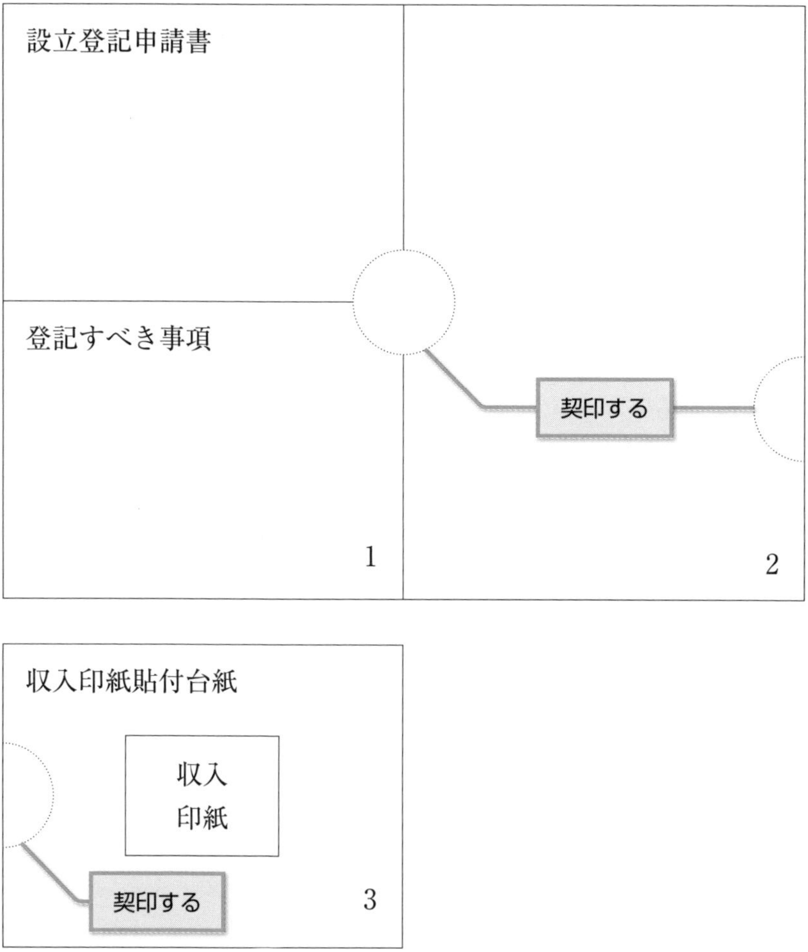

第6節 登記申請書類を提出する

明神：登記申請書と添付書類、それに印鑑届書も準備できたんで提出したいんですけど、そういえばどこに申請するんですか？

浅岡：申請書は、設立する会社の本店所在地を管轄している登記所に申請することになっているよ。

明神：そっかー。でも、登記所まで行くのって面倒だな。郵送しちゃおうかな。

浅岡：もちろん、郵送でもかまわないけど、書類到着日が申請日となるから注意が必要なんだ。会社の設立日は自分で決めたいんじゃないかい？

明神：そうだった！　独立の第一歩、会社設立日を決めていたんだった！　登記所に持参して提出します！

……いつもとは違う、明神の真面目な表情。

浅岡：どうした？　なにか不安げだね。

明神

いよいよだと思うと、なんか急に緊張してきたんです……。

浅岡

いざ設立となると、誰でも不安で緊張するもんだ。まずは登記申請が初めの一歩。最後に不備がないかチェックするといい。申請内容に不安がある場合は、事前に予約して、登記所へ相談することもできるんだ。

明神

そうですね、まずは提出しないことにははじまらないですね！　申請したら、すぐに登記完了になるんですか？

浅岡

申請後には審査があるよ。最近は、審査期間をできる限り早く行う動きもでているんだ。

明神

へえ、いろいろと便利になってきたんですね。

浅岡

そうそう、申請日が登記所の業務取扱日かどうか、確認したかい？　受付時間もチェックをした方がいい。

明神

おっと、そうでした。時間内に提出しないと意味がないですね。即、確認しておきます！

(1) 登記申請方法

登記申請書類は、設立会社の本店所在地を管轄する登記所（法務局、地方法務局、これらの支局・出張所）に提出します。法務局のWebサイト「管轄のご案内」[4-10]で確認できます。

法務局に持参して提出するほかに、郵送することもできます。ただし、郵送の場合の登記年月日は、申請書が法務局に届き、受付処理を行った日となります。会社設立日を特定の日に決めている場合は、直接持参して提出した方が確実です。

受付時間は、祝日や年末年始の休日を除く、月曜日から金曜日の午前8時30分から午後5時15分です（詳細は上記「管轄のご案内」を参照）。

(2) 申請書類を提出する

ア）完了予定日

添付書類などに不備がある場合、申請したい日に受理されないおそれがあります。提出する前にもう一度、申請に必要な書類リストで確認をしてから、法務局に出向きましょう。登記申請時には、通常、登記完了予定日が記載された紙面を渡されます。日にちの記載が見当たらないなど、不明点がある場合は、その場で完了予定日などを確認しましょう。原則として、法務局から登記が完了した旨の連絡はありませんので、何も連絡がなければ、完了予定日までに登記は完了しています（**第5章**の**第1節**（189頁）も参照）。

ちなみに、平成30年3月12日以降、株式会社および合同会社の設立登記についてはファストトラック化[4-11]が開始されています。

4-10　https://houmukyoku.moj.go.jp/homu/static/kankatsu_index.html

これにより、合同会社設立の迅速化が進んで便利になりました。

登記すべき事項をオンラインで提出申請した場合は、登記が完了すると「手続終了のお知らせ」が通知されます。また、申請用総合ソフトの処理状況表示画面で、処理状況を確認することもできます。

イ）補正がある場合

法務局では提出書類の審査が行われます。ここで書類の不備などが見つかった場合は、補正が必要となります。その場合は、管轄する法務局から登記申請書に記載している電話番号に、来庁するよう連絡が入ります。

登記すべき事項をオンライン申請により提出している場合は、お知らせが通知されますが、オンラインで修正はできませんので、この場合も法務局に出向きます。

申請書を補正する際は、担当官の指示に従い記載を修正することになります。修正印は、申請書などに押印した印鑑と同じ印を使用しなければなりませんので、注意してください。

ウ）原本還付（添付書面の還付）を請求する場合

登記の申請書の添付書面は、原本を添付するのが原則です。添付書類を記録として残しておきたい場合は、書類一式をコピーしておくとよいでしょう。

ただし、議事録や許可書など原本を保管する必要があるもの、または希望者については、原本の還付（返還）を請求することができます。この場合には、必要となる書類のコピーを作成し、そのコピーに「原本に相違ありません。」と記載のうえ、申請書に

4－11　申請の受付日の翌日（オンライン申請で別送書類がある場合は、書面の全部が登記所に到達した日の翌日）から起算して3執務日目までに完了とするもの（登記申請件数の多い時期などを除く）。

押印した人がそのコピーにも記名し、申請書に添付して原本とともに提出します。

なお、委任状など原本還付ができないものもあります。

第5章 いろいろと届け出る

第1章 設立を決意

第2章 設立計画

第3章 定款作成

第4章 登記手続

第5章 届出一切

第6章 設立後1年

登記申請が完了してから1週間が経過しました。明神と浅岡の2人は、またいつもの居酒屋に集まっていました。

明神：いやあ、登記手続の際は、いろいろ教えていただいて、ありがとうございました。

浅岡：4月3日に申請したんだよな。登記の完了予定日はいつなんだっけ？

明神：法務局で掲示されていた予定日を見たら、10日には完了する予定となってました。一応Webサイトも確認したけど、間違いありません。

浅岡：とくに不備の連絡とかは来なかった？

明神：来てないですよ。それはもう、教えていただいた通りにちゃんとやりましたから。

浅岡：うっかり押印忘れとかしてないか、心配していたよ。

明神：ちょっ、信用ないなぁ（苦笑）。

浅岡：じゃあ、税金や社会保険の手続についても、どうするか調べているかい？

明神：あー、ちょっと最近忙しくて、まだ……。

浅岡：おいおい。そんなこと言っていると、あっという間に時間は過ぎてしまうぞ。各署への手続にも期限はあるんだからな。

明神：また、教えてください！　今日はおごりますから！

第1節 登記が完了したら

浅岡：まずは、登記の予定完了日が過ぎたら、いろいろな手続に必要な登記事項証明書と印鑑証明書を、法務局へ取りに行く必要があるな。とくに手続が完了したとかいう連絡は来ないから、忘れないよう注意だ。

明神：何回も確認したから、忘れませんよ。

浅岡：なら大丈夫だ。登記事項証明書は、履歴事項全部証明書をもらうようにするといい。

明神：わかりました。

浅岡：法務局で必要な書類を取得したら、いろいろなところへ出向かなきゃいけなくなる。税務署、県税事務所、市役所、年金事務所。従業員を雇うわけではないから、労働基準監督署とハローワークへは行かなくても大丈夫だな。

明神：ちょっと待ってください。そんなに一気に覚えられないですよ。

浅岡　そこは頑張って覚えてくれ。それぞれ期限があるから、悠長にしていると提出し忘れてしまうぞ。

明神　登記申請が終わってホッとしていたけど、まだまだ手続が多いんですね……。

浅岡　これも会社経営の第一歩。面倒がらず、1つずつやっていこう。
明日にでも、必要な書類と期限を書いたリストを送るよ。

明神　さすが！　ありがとうございます！

浅岡　届出を忘れると、損をすることもあるから、漏れなく全部手続するように。

明神　わかりました。何から何まで教えていただいて、すみません。

浅岡　そういえば、お礼に今日はおごってくれるんだったな。この刺身の船盛でも追加するか……。

明神　もちろん、どうぞ。好きなものを食べてください。って、え、これ結構高いかも……（汗）。

浅岡　はっは。いいよ、いいよ。これから会社を経営していくのに金が必要なときもあるだろう。今日はおごるよ。

明神　じゃ、お言葉に甘えまして……。

浅岡　ちゃっかりしてるなあ（笑）。

(1)　登記完了を確認する

第4章（180頁）の通り、登記が完了しても、原則として法務局からの連絡はありません。自分で完了を確認することになります。各法務局には、完了予定日を掲示してあります。

また、法務局のWebサイト上でも、完了予定日を確認することができます。たとえば、明神商店がある千葉県船橋市を管轄する千葉地方法務局の案内は資料5－1のようになっています。

資料5－1　登記完了予定日（千葉地方法務局）[5－1]

千葉地方法務局　登記完了予定日　　トップページへ

令和5年2月10日（金）

ご覧になりたい登記所をクリックしてください

本　局		本　局		
各登記所	・「あ」行	市川支局	市原出張所	いすみ出張所
	・「か」行	柏支局	香取支局	木更津支局
	・「さ」行	佐倉支局	匝瑳支局	
	・「た」行	館山支局	東金出張所	
	・「な」行	成田出張所		
	・「は」行	船橋支局		
	・「ま」行	松戸支局	茂原支局	

■ 本　局　　本局案内図

申請日	登記完了予定日		
	不動産(権利)登記	不動産(表示)登記	商業・法人登記
令和5年1月30日	令和5年2月9日	令和5年2月3日	令和5年2月3日
令和5年1月31日	令和5年2月13日	令和5年2月7日	令和5年2月6日
令和5年2月1日	令和5年2月13日	令和5年2月8日	令和5年2月7日
令和5年2月2日	令和5年2月14日	令和5年2月9日	令和5年2月9日
令和5年2月3日	令和5年2月14日	令和5年2月10日	令和5年2月10日
令和5年2月6日	令和5年2月15日	令和5年2月13日	令和5年2月13日
令和5年2月7日	令和5年2月15日	令和5年2月15日	令和5年2月14日
令和5年2月8日	令和5年2月16日	令和5年2月16日	令和5年2月15日
令和5年2月9日	令和5年2月17日	令和5年2月20日	令和5年2月16日
令和5年2月10日	令和5年2月20日	令和5年2月20日	令和5年2月17日

1月30日に申請した場合、完了予定日は2月3日。

(2)　書類を取得する

ア）何を取得するか

登記完了後の手続で必要となる、登記事項証明書、印鑑証明書を取得します。登記事項証明書には、現在事項全部証明書、履歴事項全部証明書などがありますが、後述する口座開設の際に求められるのは履歴事項全部証明書ですので、**履歴事項全部証明書**を

5－1　https://houmukyoku.moj.go.jp/chiba/static/kanryoyoteibi.htm

取得します。また、**印鑑証明書**の取得には**印鑑カード**が必要なため、あわせて取得します。

イ）履歴事項全部証明書

履歴事項全部証明書は、税務署への申請書提出、銀行口座開設などの際に提出します。自社の控え用にも取得しておきましょう。1枚につき、書面による請求（窓口、郵送とも）では600円の収入印紙、オンライン請求では送付500円・窓口交付480円の手数料が必要です。収入印紙は、法務局で購入することができます。

ウ）印鑑証明書と印鑑カード

印鑑証明書は、銀行口座の開設などに使用します。申請時には、事前に作成した印鑑カードを一緒に提出します。1枚につき、書面による請求（窓口、郵送とも）では450円の収入印紙、オンライン請求では送付410円・窓口交付390円の手数料が必要です。

印鑑カードの取得は無料です。申請すればその場で取得できます。登録済みの印鑑を押印する必要があるので、忘れないようにしましょう。

フォーマットはすべて法務局のWebサイト[5-2]上で取得できます。

(3) 届出先を確認する

登記完了後に必要な届出と期限は、資料5－5（195頁）の通りです。従業員を雇う場合など状況に応じて、必要な手続は変わります。自分の会社に必要な届出をしっかり確認して、手続に漏れがないようにしましょう。

5－2　https://houmukyoku.moj.go.jp/homu/COMMERCE_11-2.html

コラム

法人番号とは

国税、地方税、社会保険などの申請書類には、法人番号の記入を求められる場合があります。法人番号とは、簡単にいえば、法人を特定するためのマイナンバーのようなものです。法人登記時に付与される会社法人等番号12桁に頭1桁の検査用数字（チェックデジット）を加えた13桁で構成されます。国税庁の法人番号公表サイト[5-3]では、名称などから法人番号を確認することができます。

5-3　https://www.houjin-bangou.nta.go.jp/

資料5−2　登記事項証明書申請書

会社法人用

登 記 事 項 証 明 書
登 記 簿 謄 抄 本 交付申請書
概 要 記 録 事 項 証 明 書

※ 太枠の中に書いてください。

（地方）法務局　　　支局・出張所　　　　　年　　月　　日 申請

申請人の住所氏名

窓口に来られた人（申請人）	住　所	千葉県船橋市岩本町一丁目2番19号	収入印紙欄
	フリガナ 氏　名	明神謙太郎《ミョウジン ケンタロウ》	収入印紙
商号・名称（会社等の名前）		合同会社明神商店	
本店・主たる事務所（会社等の住所）		千葉県船橋市岩本町一丁目2番19号	収入印紙
会社法人等番号		××××−××−××××××	

会社の住所、名称、法人番号（12桁）を記載

※　必要なものの□にレ印をつけてくださ

請　　求	請求通数
①全部事項証明書（謄本） ☑　履歴事項証明書　（閉鎖されていない登記事項の証明） ※現在効力がある登記事項に加えて，当該証明書の交付の請求があった日の3年前の日の属する年の1月1日から請求があった日までの間に抹消された事項等を記載したものです。 □　現在事項証明書　（現在効力がある登記事項の証明） □　閉鎖事項 ※当該証明書の交 抹消された事項	2 通
②一部事項証明 □　履歴事項証明書 □　現在事項証明書 □　閉鎖事項証明書 ※商号・名称区及び会社・法人状態区はどの請求にも表示されます。 □　株式・資本区 □　目的区 □　役員区 □　支配人・代理人区 ※2名以上の支配人・参事等がいる場合で、その一部の者のみを請求するときは、その支配人・参事等の氏名を記載してください。 （氏名　　　　） （氏名　　　　） □　その他（　　　　）	通
③□代表者事項証明書　（代表権のある者の証明） ※2名以上の代表者がいる場合で，その一部の者の証明のみを請求するときは，その代表者の氏名を記載してください。（氏名　　　　）	通
④コンピュータ化以前の閉鎖登記簿の謄抄本 □　コンピュータ化に伴う閉鎖登記簿謄本 □　閉鎖謄本（　　年　月　日閉鎖） □　閉鎖役員欄（　　年　月　日閉鎖） □　その他（　　　　）	通
⑤概要記録事項証明書 □　現在事項証明書（動産譲渡登記事項概要ファイル） □　現在事項証明書（債権譲渡登記事項概要ファイル） □　閉鎖事項証明書（動産譲渡登記事項概要ファイル） □　閉鎖事項証明書（債権譲渡登記事項概要ファイル） ※請求された登記記録がない場合には，記録されている事項がない旨の証明書が発行されます。	通

収入印紙は割印をしないでここに貼ってください。
（登記印紙も使用可能）

必要な金額の印紙を貼付
法務局Webサイト参照
https://www.moj.go.jp/MINJI/TESURYO/

必要な書類と通数を記載

交付通数	交付枚数	手数料	受付・交付年月日

（乙号・6）

資料5－3　印鑑カード交付申請書

印鑑カード交付申請書

※ 太枠の中に書いてください。

（地方）法務局　　　支局・出張所　　　　年　　月　　日　申請　照合印

会社の名称住所を記載

（注１）登記所に提出した印鑑の押印欄	商号・名称		合同会社明神商店
会社代表者印を押印	本店・主たる事務所		千葉県船橋市岩本町一丁目2番19号
	印鑑提出者	資　格	代表取締役・取締役・(代表社員)・代表理事・理事・支配人（　　）
		氏　名	明神 謙太郎
（印鑑は鮮明に押印してください。）		生年月日	大・昭・(平)・西暦　1年 7月 10日生
	会社法人等番号		×××× - ×× - ××××××

代表社員の氏名、生年月日を記載

会社の法人番号（12桁）を記載

代表社員の住所、氏名、電話番号を記載

申　請　人（注２）☑ 印鑑提出者本人　□ 代理人

住　所	千葉県船橋市岩本町一丁目2番19号	連絡先	☑勤務先　□自宅　□携帯番号
フリガナ	ミョウジン　ケンタロウ		電話番号
氏　名	明神 謙太郎		×××－××－××××

委　　任　　状

私は，（住所）

（氏名）

を代理人と定め，印鑑カードの交付申請及び受領の権限を委任します。

年　　月　　日

住　所

氏　名　　　　　　　　　　　　印（登記所に提出した印鑑）

代理人の場合は委任状を記載

（注１）　押印欄には，登記所に提出した印鑑を押印してください。

（注２）　該当する□にレ印をつけ，代理人の場合は，代理人の住所・氏名を記載してください。その場合は，委任状に所要事項を記載し，登記所に提出した印鑑を押印してください。

交付年月日	印鑑カード番号	担当者印	受領印又は署名

（乙号・9）

資料5－4　印鑑証明書交付申請書

会社法人用

印鑑証明書交付申請書

会社の名称
住所を記載

※ **太枠の中に書いてください。**

（地方）法務局　　　支局・出張所　　　年　　月

必要な金額の
印紙を貼付

商号・名称（会社等の名前）	合同会社明神商店	収入印紙欄
本店・主たる事務所（会社等の住所）	千葉県船橋市岩本町一丁目2番19号	収入印紙
支配人・参事等を置いた営業所又は事務所		
印鑑提出　資格	代表取締役・取締役・代表社員・代表理事・理事・支配人 （　　　）	収入
印鑑提出　氏名	明神謙太郎	
印鑑提出　生年月日	大・昭・平・西暦　1年　7月　10日生	
印鑑カード番号	××××－××－××××××	
請求通数	1　通	

代表社員の
氏名、生年月日
を記載

印鑑カード
番号を記載

必要な通数
を記載

窓口に来られた人（申請人）　※いずれかの□にレ印をつけ，代理人の場合は住所・氏名を記載してください。

□　印鑑提出者本人
□　代理人
住　所
フリガナ
氏　名

印鑑提出者本人
にチェック
代理人の場合は、
代理人の氏名、
住所を記載

※代理人の場合でも委任状は必要ありません。

※必ず印鑑カードを添えて申請してください。

……しないでここに貼ってください。

交付通数	整理番号	手数料	受付・交付年月日

（乙号・１１）

資料5－5　主な届出スケジュール

届け出先	書　類　名	締　　切	開業月	開業月＋1か月	開業月＋2か月	事業年度期間	最初の 確定申告月
税務署	個人事業の開業・廃業等届出書	廃業から1か月以内					
	法人設立届出書	設立日から2か月以内					
	青色申告の承認申請書	設立日から3か月以内または 事業年度終了の日の前日					
	給与支払事務所等の開設届出書	給与支払事務所等を設けてから 1か月以内					
	源泉所得税の納期の特例の承認に 関する申請書	特になし（原則、提出日の翌月支払の 給与から適用）					
	減価償却資産の償却方法の届出書	最初の確定申告まで （最初の決算日から2か月または3か月）					
	棚卸資産の評価方法の届出書	最初の確定申告まで （最初の決算日から2か月または3か月）					
	有価証券の一単位当たりの帳簿価額の 算出方法の届出書	最初の確定申告まで （最初の決算日から2か月または3か月）					
	消費税課税事業者選択届出書	課税期間の初日の前日 （設立年度のみ、課税期間中）					
都道府県税事務所	個人事業の開業・廃業届出書	廃業から1か月以内					
	法人設立届出書	自治体による （千葉県の場合、1か月以内）					
市区町村役場	法人設立届出書	自治体による （船橋市の場合、2か月以内）					
年金事務所	健康保険・厚生年金保険新規適用届	5日以内					
	健康保険・厚生年金保険 被保険者資格取得届	5日以内					
	健康保険被扶養者（異動）届	5日以内					
労働基準監督署 ※従業員有の場合	保険関係成立届	保険関係成立翌日から10日以内					
	適用事業報告	労働者を雇い入れたときに遅滞なく					
	労働保険概算保険料申告書	保険関係成立翌日から50日以内					
公共職業安定所 （ハローワーク） ※従業員有の場合	雇用保険適用事業所設置届	設置日翌日から10日以内					
	雇用保険被保険者資格取得届	資格取得の事実があった日の 翌月10日まで					

第2節 税務署へ届け出る

明神は法務局へ赴き、無事に登記完了を確認しました。あくる日、明神は退勤後、「履歴事項全部証明書」と「印鑑証明書」を手に、浅岡の事務所を訪れました。

明神：見てください。履歴事項全部証明書と印鑑証明書をもらってきましたよ。いやー、これでついに僕も社長になっちゃいましたね。これから、この前貰ったリストをもとにして、手続を進めたいと思います。

浅岡：おお、おめでとう。さっそくだが、まずは、税務署へ行かないといけないな。

明神：えーっと、リストをみるといっぱい書類があるな。どれから書いていけばいいんだろう……。

浅岡：まず、明神は個人事業主として活動していたから、その廃業届が必要だな。法人設立届出書も、設立日から必ず2か月以内に出さないといけない。

明神：なるほど。

浅岡

今までも確定申告はしていただろう？　白色申告でしていたのかい。

そうですね。青色申告にしようかとも思ったんですが、ビジネスを始めたころは長く事業が続くかどうか不透明だったので、白色申告のままでした。

明神

浅岡

せっかく会社をつくったんだから、これを機に青色申告にしたらどうかな。今は無料で簡単に使える経理ソフトもあるから。別に白色のままでもいいけど、いろいろメリットがあるからもったいないだろう。

そうですね。せっかくなので、青色申告にしたいと思います。

明神

浅岡

それなら、青色申告の承認申請書も必要だな。
他にもあるぞ。合同会社から自分に給料を払うようにするなら、給与支払事務所等の開設届出書を出さないといけない。給与を払うときには、所得税を源泉徴収しないといけないんだ。

給料を払うのが自分しかいなくても、届出を出さないといけないんですね。

明神

浅岡

そうだな。あと、源泉徴収した所得税は、原則翌月10日までに納付しないとならないんだが、源泉所得税の納期の特例の承認に関する申請書を提出しておけば、半年に1回で済むようになるよ。

それは是非やっておきたい！　毎月手続するのは大変ですもんね。

明神

浅岡　事業をするにあたって、もし在庫や有形固定資産を会社で持つことになるなら、棚卸資産の評価方法の届出書や、減価償却資産の償却方法の届出書を出した方がいいか、検討しないといけない。設立第1期の確定申告書の提出期限までに提出すればいいから急がなくてもいいけど、それぞれどの方法が自分の会社にとって一番ふさわしいか、考えてから提出した方がいい。税務署や税理士に相談してもいいかもしれない。

明神　んー。いろいろ大変そうだな……。

浅岡　書いてみれば、それほど大変じゃないさ。

明神　じゃ、ちょっとここで書いていっていいですか？

浅岡　おいおい、俺はまだ自分の仕事が残っているんだぞ。

明神　いいじゃないですか。隅っこで邪魔はしませんから。

浅岡　……まぁ、好きにすればいいよ。俺はあっちで作業しているから。

明神　わかりましたー。できるだけ、自分でやってみます！

……30秒後……。

明神：浅岡さん、ここには何書けばいいですかー。

浅岡：諦めが早いな！

明神：会社経営はスピードが命ですよ。

浅岡：しょうがないやつだな……。

(1) 書類を作成する

ア）個人事業の開業・廃業等届出書

個人事業主として活動していた人が、事業を法人で営む場合、廃業届を提出する必要があります（資料5－6）。期限は、個人事業を廃業した日（合同会社設立日の1日前）から1か月以内です。手数料は不要です。添付資料も不要です。

また、（他の届出書も同様ですが）あとで確認ができるよう、税務署への提出書類は必ず控え用とあわせて2部作成し、1部を手元に残すようにしてください。

イ）法人設立届出書

法人設立届出書（資料5－7）は、登記上の設立日から2か月以内に、納税地（本店または主たる事務所の所在地）の所轄税務署長に提出しなければなりません。手数料は不要です。添付書類は、定款の写し、合同会社の社員名簿などです。

税務署などに置いてある用紙は、4枚綴りの複写になっています。1枚目が税務署提出用、2枚目が都道府県税事務所提出用、3枚目が市区町村役場提出用、4枚目が控えです。

ウ）青色申告の承認申請書

確定申告の方法は、「白色申告」と「青色申告」から選択することができます。その名の通り、紙の場合はそれぞれの申告用紙の色が白色と青色になっています。

日々の財務管理を厳格化することで、財務状況を透明化する効果もありますので、法人化を目指す以上は、青色申告を選択するべきです。

また、青色申告は税金面での次のようなメリットがあるため、多くの場合、青色申告が選ばれます。

①赤字を繰り越せる

青色申告の場合、一定の要件を満たすことで、赤字（欠損金）を繰り越すことができます。法人税は、一事業年度に生じた所得に対して課税されますので、所得がなければ税金は発生しません（所得＝収入（益金）－経費（損金））。

たとえば、今期が100万円赤字の場合、翌年度100万円の黒字でも前年度赤字分を控除することになるため、所得は0円となります。白色申告の場合は、翌年度の黒字から欠損金を控除できないため、100万円に課税されます。

平成30年4月1日以降に開始する事業年度に発生した赤字は、

10年間繰り越すことができます。

また、一定の要件を満たせば、前年に黒字だった場合に、当年度の欠損金を繰り戻して法人税の還付請求をすることもできます。

②固定資産を一括費用化できる

固定資産を購入した場合、原則として複数年で減価償却しなければなりませんが、税法上、取得価額が10万円未満のものについてはその年に全額を経費として落とすことができます。

青色申告をしており、一定の要件を満たす場合は、取得価額が30万円未満までのものについて、その事業年度に全額を経費として落とすことができます。その年度の所得が減るため、税金が安くなります（中小企業者等の少額減価償却資産の取得価額の損金算入の特例）。ただし、減価償却資産の取得価額の合計が年間300万円に達するまでが限度となります。

青色申告をするためには、基本的に設立日から3か月以内に申請書を提出する必要があります（資料5－8）。手数料、添付資料は不要です。可能であれば、法人設立届出書提出の際、一緒に提出してしまいましょう。

エ）給与支払事務所等の開設届出書

合同会社を設立したら、提出する必要がある届出書です（資料5－9）。設立日から1か月以内に提出しなければなりません。手数料、添付資料は不要です。

オ）源泉所得税の納期の特例の承認に関する申請書

給与の支払いが発生したら、給与支給額から源泉徴収税額を天引き（源泉徴収）し、翌月10日までに税務署へ毎月納付しなければなりません。ただし、「源泉所得税の納期の特例の承認に関する申請書」（資料５－10）を提出することで、給与の支払いを受ける人の人数が常時10名未満の会社は、給与や税理士等の報酬について源泉徴収した所得税等の納付を半年に１回とすることができます。手数料、添付書類は不要です。

期限はとくにありませんが、提出日の翌月に支払う給与から適用されるので、最初から提出する方がよいでしょう。

カ）棚卸資産の評価方法の届出書

仕入販売などいわゆる「在庫」を抱える場合、「棚卸資産の評価方法の届出書」（資料５－11）の提出を検討します。棚卸資産の評価方法は決算に影響を与えます。この届出書の提出期限は、設立１期目の確定申告書の提出期限と同じです。手数料、添付書類は不要です。

提出しない場合は、自動的に「最終仕入原価法による原価法」となります。税務署や税理士などにも相談のうえ、自分の会社に合った方法を選択しましょう。

キ）減価償却資産の償却方法の届出書

自動車などは、複数年にわたって費用化する減価償却資産です。償却方法には、主に「定額法」と「定率法」があり、最終的に費用化する金額は同じですが、定率法は最初の頃に費用とする金額が大きくなります。

この届出書（資料５－12）の提出期限は、設立１期目の確定申告書の提出期限と同じです。手数料、添付書類は不要です。提出しない場合は、自動的に法定償却方法となります。

ク）消費税課税事業者選択届出書

基準期間となる前々事業年度において、課税売上高が1,000万円以下である場合、基本的に消費税の免税事業者（88頁参照）

となります。新設法人の場合は、基準期間の課税売上高がないため、原則として免税事業者となります。また、個人事業主から法人成りした場合にも、個人と法人は別事業者として判断されるため、免税事業者となります。ただし、会社設立時の資本金の額が1,000万円以上の場合は、課税事業者となります。

また、消費税が還付になるなどの理由で課税事業者を選択したい場合には、消費税課税事業者選択届出書（資料5－13）を提出する必要があります。この届出書の提出期限は、原則として適用を受けようとする課税期間の初日の前日までですが、設立事業年度に限り、その課税期間中が提出期限となります[5-4]。

ケ）有価証券の一単位当たりの帳簿価額の算出方法の届出書

新たに有価証券を取得した場合に、一単位当たりの帳簿価額の算出方法を選定する届出書です（資料5－14）。提出しない場合は、自動的に「移動平均法」となります。

この提出期限は、有価証券を取得した日の属する事業年度の確定申告書の提出期限と同じです。手数料、添付書類は不要です。

(2) 書類の提出方法

書類が作成できたら、管轄の税務署へ持参または郵送などにより提出しましょう。国税庁のWebサイト[5-5]で、自社の住所の管轄を調べることができます。

また、e-Taxを利用すれば、オンラインで申請を行うこともできます。開始方法などは、Webサイト[5-6]の手順や利用可能手続一覧を確認してください。

5-4　なお、インボイス制度開始に伴い課税事業者になる場合にも、原則としてこの消費税課税事業者選択届出書の提出が必要。
5-5　https://www.nta.go.jp/about/organization/access/map.htm
5-6　https://www.e-tax.nta.go.jp/hojin.html

資料5−6　個人事業の開業・廃業等届出書[5-7]

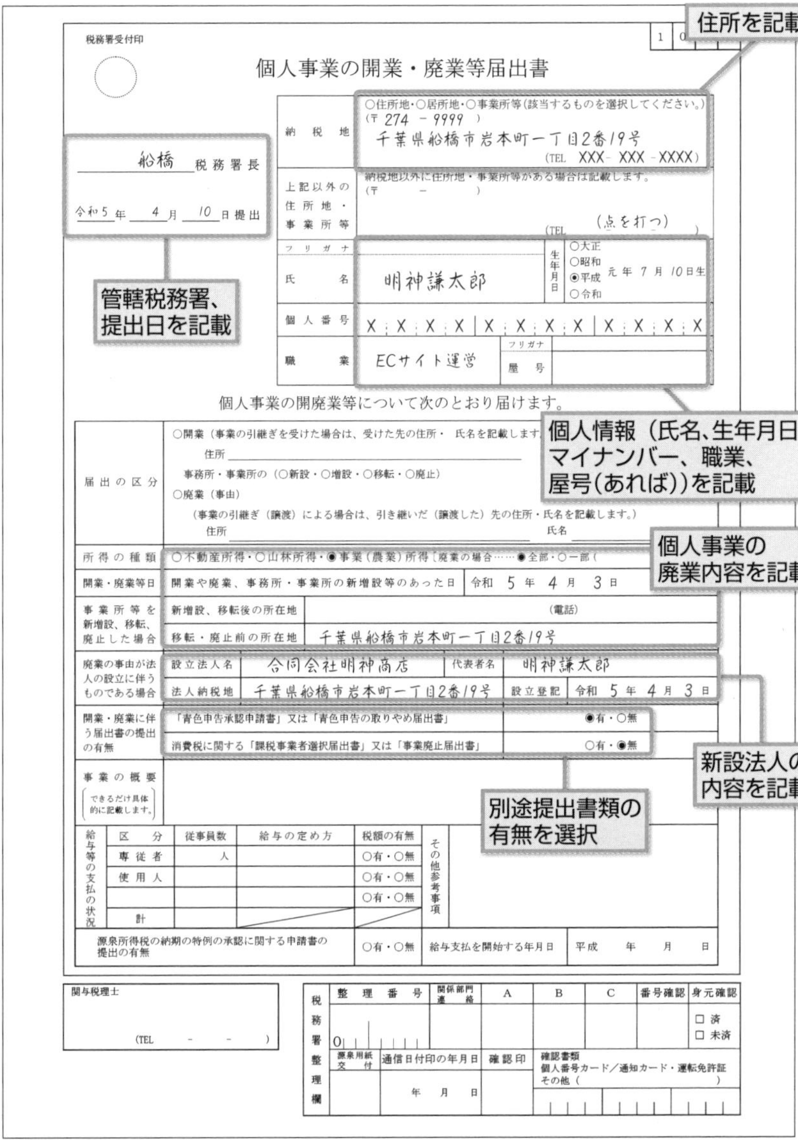

税務署受付印

1 0

個人事業の開業・廃業等届出書

船橋　税務署長

令和5年　4月　10日提出

納税地	○住所地・○居所地・○事業所等（該当するものを選択してください。） （〒274 − 9999） 千葉県船橋市岩本町一丁目2番19号 （TEL XXX-XXX-XXXX）
上記以外の住所地・事業所等	納税地以外に住所地・事業所等がある場合は記載します。 （〒　−　） （点を打つ） （TEL　）
フリガナ	
氏名	明神謙太郎
生年月日	○大正　○昭和　◉平成　○令和　元年7月10日生
個人番号	X X X X｜X X X X｜X X X X
職業	ECサイト運営
フリガナ	
屋号	

個人事業の開廃業等について次のとおり届けます。

届出の区分	○開業（事業の引継ぎを受けた場合は、受けた先の住所・氏名を記載します。） 住所 事務所・事業所の（○新設・○増設・○移転・○廃止） ○廃業（事由） （事業の引継ぎ（譲渡）による場合は、引き継いだ（譲渡した）先の住所・氏名を記載します。） 住所　氏名
所得の種類	○不動産所得・○山林所得・◉事業（農業）所得〔廃業の場合……◉全部・○一部（
開業・廃業等日	開業や廃業、事務所・事業所の新増設等のあった日　令和5年4月3日
事業所等を新増設、移転、廃止した場合	新増設、移転後の所在地　（電話） 移転・廃止前の所在地　千葉県船橋市岩本町一丁目2番19号
廃業の事由が法人の設立に伴うものである場合	設立法人名　合同会社明神商店　代表者名　明神謙太郎 法人納税地　千葉県船橋市岩本町一丁目2番19号　設立登記　令和5年4月3日
開業・廃業に伴う届出書の提出の有無	「青色申告承認申請書」又は「青色申告の取りやめ届出書」　◉有・○無 消費税に関する「課税事業者選択届出書」又は「事業廃止届出書」　○有・◉無
事業の概要（できるだけ具体的に記載します。）	

給与等の支払の状況 区分	従事員数	給与の定め方	税額の有無	その他参考事項
専従者	人		○有・○無	
使用人			○有・○無	
			○有・○無	
計				

源泉所得税の納期の特例の承認に関する申請書の提出の有無　○有・○無　給与支払を開始する年月日　平成　年　月　日

関与税理士
（TEL　−　−　）

税務署整理欄	整理番号	関係部門連絡	A	B	C	番号確認	身元確認
	0						□済 □未済
	源泉用紙交付	通信日付印の年月日	確認印	確認書類 個人番号カード／通知カード・運転免許証 その他（　）			
		年　月　日					

5−7　https://www.nta.go.jp/taxes/tetsuzuki/shinsei/annai/shinkoku/annai/04.htm

資料5－7　法人設立届出書[5-8]

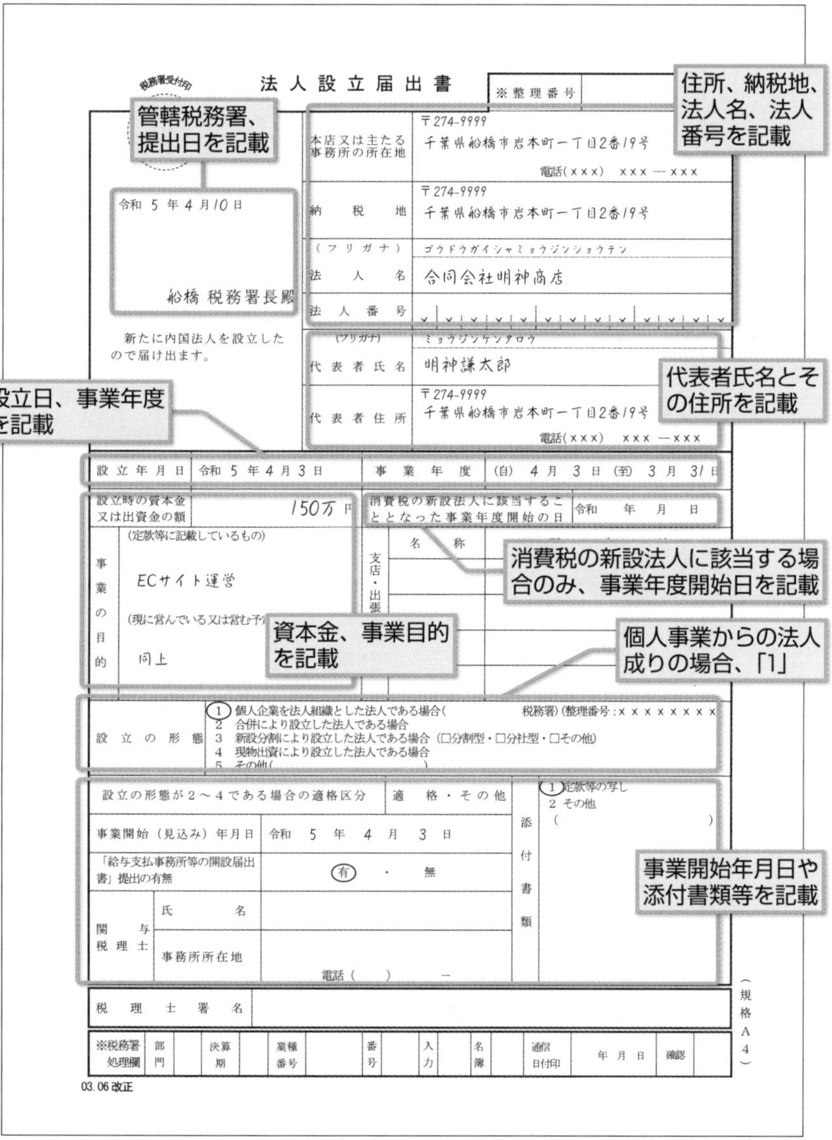

法人設立届出書

税務署受付印

※整理番号	

令和 5 年 4 月 10 日

船橋 税務署長殿

新たに内国法人を設立したので届け出ます。

本店又は主たる事務所の所在地	〒274-9999 千葉県船橋市岩本町一丁目2番19号 電話(xxx)　xxx ― xxx
納税地	〒274-9999 千葉県船橋市岩本町一丁目2番19号
(フリガナ)	ゴウドウガイシャミョウジンショウテン
法人名	合同会社明神商店
法人番号	x x x x x x x x x x x x x
(フリガナ)	ミョウジンケンタロウ
代表者氏名	明神謙太郎
代表者住所	〒274-9999 千葉県船橋市岩本町一丁目2番19号 電話(xxx)　xxx ―xxx

設立年月日	令和 5 年 4 月 3 日	事業年度	(自) 4 月 3 日 (至) 3 月 31 日
設立時の資本金又は出資金の額	150万 円	消費税の新設法人に該当することとなった事業年度開始の日	令和　年　月　日

事業の目的	(定款等に記載しているもの) ECサイト運営 (現に営んでいる又は営む予定のもの) 同上
支店・出張所	名称

設立の形態	(1) 個人企業を法人組織とした法人である場合(　　税務署)(整理番号：x x x x x x x x 2 合併により設立した法人である場合 3 新設分割により設立した法人である場合（□分割型・□分社型・□その他） 4 現物出資により設立した法人である場合 5 その他(　　)

設立の形態が２～４である場合の適格区分		適格・その他	添付書類：(1) 定款等の写し 2 その他 (　　)
事業開始（見込み）年月日		令和 5 年 4 月 3 日	
「給与支払事務所等の開設届出書」提出の有無		(有)・無	
関与税理士	氏名		
	事務所所在地	電話(　)　―	

税理士署名	

※税務署処理欄	部門		決算期		業種番号		番号		入力		名簿		通信日付印	年 月 日	確認

（規格A4）

03.06 改正

5－8　https://www.nta.go.jp/law/tsutatsu/kobetsu/hojin/010705/pdf/001-1.pdf

資料5－8　青色申告の承認申請書[5-9]

税務署受付印

青色申告の承認申請書

※整理番号

令和 5 年 4 月 10 日 船橋 税務署長殿	納税地	〒274-9999 千葉県船橋市岩本町一丁目2番19号 電話(×××) ××× － ×××
	（フリガナ）	ゴウドウガイシャミョウジンショウテン
	法人名等	合同会社明神商店
	法人番号	×|×|×|×|×|×|×|×|×|×|×|×|×
	（フリガナ）	ミョウジンケンタロウ
	代表者氏名	明神謙太郎
	代表者住所	〒274-9999 千葉県船橋市岩本町一丁目2番19号
	事業種目	ECサイト運営 業
	資本金又は出資金額	150万 円

自令和 5 年 4 月 3 日
至令和 6 年 3 月 31 日　事業年度から法人税の申告書を青色申告書によって提出したいので申請します。

1　次に該当するときには、それぞれ□にレ印を付

□　青色申告書の提出の承認を取り消され、又……出書を提出した後に再び青色申告書の提出の承認を申請する場合には、その取消しの通知を受けた日又は取りやめの届出書を提出した日　平成・令和　年　月　日

☑　この申請後、青色申告書を最初に提出しようとする事業年度が設立第一期等に該当する場合には、内国法人である普通法人若しくは協同組合等にあってはその設立の日、内国法人である公益法人等若しくは人格のない社団等にあっては新たに収益事業を開始した日又は公益法人等（収益事業を行っていないものに限ります。）に該当していた普通法人若しくは協同組合等にあっては当該普通法人若しくは協同組合等に該当することとなった日　平成・(令和) 5 年 4 月 3 日

□　所得税法等の一部を改正する法律（令和2年法律第8号）（以下「令和2年改正法」といいます。）による改正前の法人税法（以下「令和2年旧法人税法」といいます。）第4条の5第1項（連結納税の承認の取消し）の規定により連結納税の承認を取り消された後に青色申告書の提出の承認を申請する場合に……

□　令和2年旧法人税法第4条の5第2項各号の規定により連結納税の承認を取り……ち、取消しの基因となった事実に該当する号及びその事実が生じた日
令和2年旧法人税法第4条の5第2項第　号
平成・令和　年　月　日

□　連結納税の取りやめの承認を受けた日を含む連結親法人事業年度の翌事業年度に青色申告書の提出をしようとする場合には、その承認を受けた日　令和　年　月　日

□　令和2年改正法附則第29条第2項の規定による届出書を提出した日を含む最終の連結事業年度の翌事業年度に青色申告書の提出をしようとする場合には、その届出書を提出した日　令和　年　月　日

2　参考事項
(1)　帳簿組織の状況

伝票又は帳簿名	左の帳簿の形態	記帳の時期	伝票又は帳簿名	左の帳簿の形態	記帳の時期
総勘定元帳	会計ソフト		固定資産台帳		
現金出納帳					
仕訳帳					

(2)　特別な記帳方法の採用の有無
イ　伝票会計採用
ロ　電子計算機利用

(3)　税理士が関与している場合におけるその関与度合

税理士署名	

※税務署処理欄	部門		決算期		業種番号		番号		入力		備考		通信日付印	年 月 日	確認	

04.03改正

（規格A4）

納税地、法人名、法人番号を記載

管轄税務署、提出日を記載

代表者氏名とその住所を記載

事業種目、資本金を記載

設立事業年度の開始日、終了日を記載

設立第一期の場合、チェックをして設立日を記載

使用する帳簿名を記載

5－9　https://www.nta.go.jp/law/tsutatsu/kobetsu/hojin/010705/pdf/056-1.pdf

資料5－9　給与支払事務所等の開設届出書[5-10]

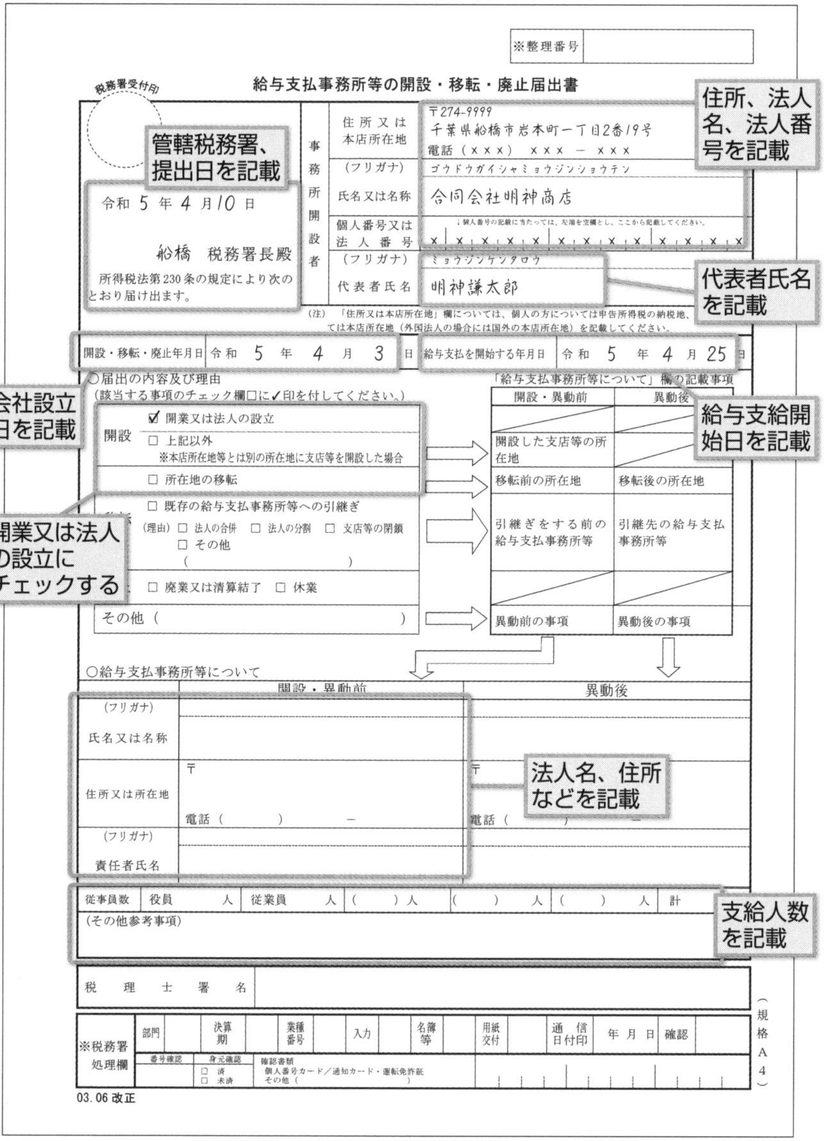
※整理番号

税務署受付印

給与支払事務所等の開設・移転・廃止届出書

令和 5 年 4 月 10 日

船橋　税務署長殿

所得税法第230条の規定により次のとおり届け出ます。

事務所開設者		
	住所又は本店所在地	〒274-9999 千葉県船橋市岩本町一丁目2番19号 電話（×××）×××－×××
	（フリガナ）	ゴウドウガイシャミョウジンショウテン
	氏名又は名称	合同会社明神商店
	個人番号又は法人番号	↓個人番号の記載に当たっては、左端を空欄とし、ここから記載してください。 ××××××××××××
	（フリガナ）	ミョウジンケンタロウ
	代表者氏名	明神謙太郎

（注）「住所又は本店所在地」欄については、個人の方については申告所得税の納税地、ては本店所在地（外国法人の場合には国外の本店所在地）を記載してください。

開設・移転・廃止年月日	令和 5 年 4 月 3 日	給与支払を開始する年月日	令和 5 年 4 月 25 日

○届出の内容及び理由
（該当する事項のチェック欄□に✓印を付してください。）

		「給与支払事務所等について」欄の記載事項	
		開設・異動前	異動後
開設	☑ 開業又は法人の設立		
	□ 上記以外 ※本店所在地等とは別の所在地に支店等を開設した場合	開設した支店等の所在地	
移転	□ 所在地の移転	移転前の所在地	移転後の所在地
	□ 既存の給与支払事務所等への引継ぎ （理由）□ 法人の合併　□ 法人の分割　□ 支店等の閉鎖 □ その他 （　　　）	引継ぎをする前の給与支払事務所等	引継先の給与支払事務所等
廃止	□ 廃業又は清算結了　□ 休業		
その他（　　　）		異動前の事項	異動後の事項

○給与支払事務所等について

	開設・異動前	異動後
（フリガナ）		
氏名又は名称		
住所又は所在地	〒 電話（　　）　－	〒 電話（　　）　－
（フリガナ）		
責任者氏名		

従事員数	役員　人	従業員　人	（　）人	（　）人	（　）人	計

（その他参考事項）

税理士署名

※税務署処理欄	部門	決算期	業種番号	入力	名簿等	用紙交付	通信日付印	年月日	確認
	番号確認	身元確認 □ 済 □ 未済	確認書類 個人番号カード／通知カード・運転免許証 その他（　　）						

03.06改正

（規格A4）

5-10　https://www.nta.go.jp/law/tsutatsu/kobetsu/hojin/010705/pdf/008-1.pdf

資料5－10 源泉所得税の納期の特例の承認に関する申請書[5-11]

源泉所得税の納期の特例の承認に関する申請書

住所、法人名、法人番号を記載

管轄税務署、提出日を記載

代表者氏名を記載

税務署受付印

※整理番号

令和 5 年 4 月 10 日 船橋 税務署長殿	住所又は本店の所在地	〒274-9999 千葉県船橋市岩本町一丁目2番19号 電話 ××× － ××× －××××
	（フリガナ）	ゴウドウガイシャミョウジンショウテン
	氏名又は名称	合同会社明神商店
	法人番号	※個人の方は個人番号の記載は不要です。 ×××××××××××××
	（フリガナ）	ミョウジンケンタロウ
	代表者氏名	明神謙太郎

次の給与支払事務所等につき、所得税法第 216 条の規定による源泉所得税の納期の特例についての承認
請します。

給与支払事務所等に関する事項	給与支払事務所等の所在地 ※ 申請者の住所（居所）又は本店（主たる事務所）の所在地と給与支払事務所等の所在地とが異なる場合に記載してください。	〒 電話 － －		
	申請の日前６か月間の各月末の給与の支払を受ける者の人員及び各月の支給金額 〔外書は、臨時雇用者に係るもの〕	月区分	支給人員	支給額
		年 月	外 人	外 円
		年 月	外 人	外 円
		年 月	外 人	外 円
		年 月	外 人	外 円
		年 月	外 人	外 円
		年 月	外 人	外 円
	1 現に国税の滞納があり又は最近において著しい納付遅延の事実がある場合で、それがやむを得ない理由によるものであるときは、その理由の詳細 2 申請の日前１年以内に納期の特例の承認を取り消されたことがある場合には、その年月日			

税理士署名	

※税務署処理欄	部門		決算期		業種番号		番号		入力		名簿		通信日付印	年 月 日	確認	

03.06 改正

5－11 https://www.nta.go.jp/law/tsutatsu/kobetsu/hojin/010705/pdf/201601h268.pdf

資料5－11　棚卸資産の評価方法の届出書[5-12]

棚卸資産の評価方法の届出書

税務署受付印

※整理番号	

令和 5 年 4 月 10 日

船橋 税務署長殿

納税地	〒274-9999 千葉県船橋市岩本町一丁目2番19号 電話(×××) ××× － ×××
（フリガナ）	ゴウドウガイシャミョウジンショウテン
法人名等	合同会社明神商店
法人番号	×｜×｜×｜×｜×｜×｜×｜×｜×｜×｜×｜×｜×
（フリガナ）	ミョウジンケンタロウ
代表者氏名	明神謙太郎
代表者住所	〒274-9999 千葉県船橋市岩本町一丁目2番19号
事業種目	ECサイト運営 業

納税地、法人名、法人番号を記載

管轄税務署、提出日を記載

代表者氏名とその住所、業種を記載

連結子法人（届出の対象が連結子法人である場合に限り記載）		※税務署処理欄	
（フリガナ） 法人名等		整理番号	
本店又は主たる事務所の所在地	〒　（　局　署） 電話（　）　－	部門	
		決算期	
（フリガナ） 代表者氏名		業種番号	
代表者住所	〒	整理簿	
事業種目	業	回付先	□ 親署 ⇒ 子署 □ 子署 ⇒ 調査課

棚卸資産の評価方法を下記のとおり届け出ます。

記

事業の種類（又は事業所別）	資産の区分	評価方法
ECサイト運営	商品又は製品	先入先出法
	半製品	
	仕掛品（半成工事）	
	主要原材料	
	補助原材料 その他の棚卸資産	

事業の種類、評価方法を記載

1に○をつけ、設立日を記載

参考事項	
	(1) 新設法人等の場合には、設立等年月日　令和 5 年 4 月 3 日 2 新たに他の種類の事業を開始した場合又は事業の種類を変更した場合には、開始又は変更の年月日　令和　年　月　日 3 その他

税理士署名	

※税務署処理欄	部門		決算期		業種番号		番号		整理簿		備考		通信日付印	年 月 日	確認	

04. 03 改正

（規格A4）

5－12　https://www.nta.go.jp/law/tsutatsu/kobetsu/hojin/010705/pdf/073-1.pdf

資料5－12　減価償却資産の償却方法の届出書[5-13]

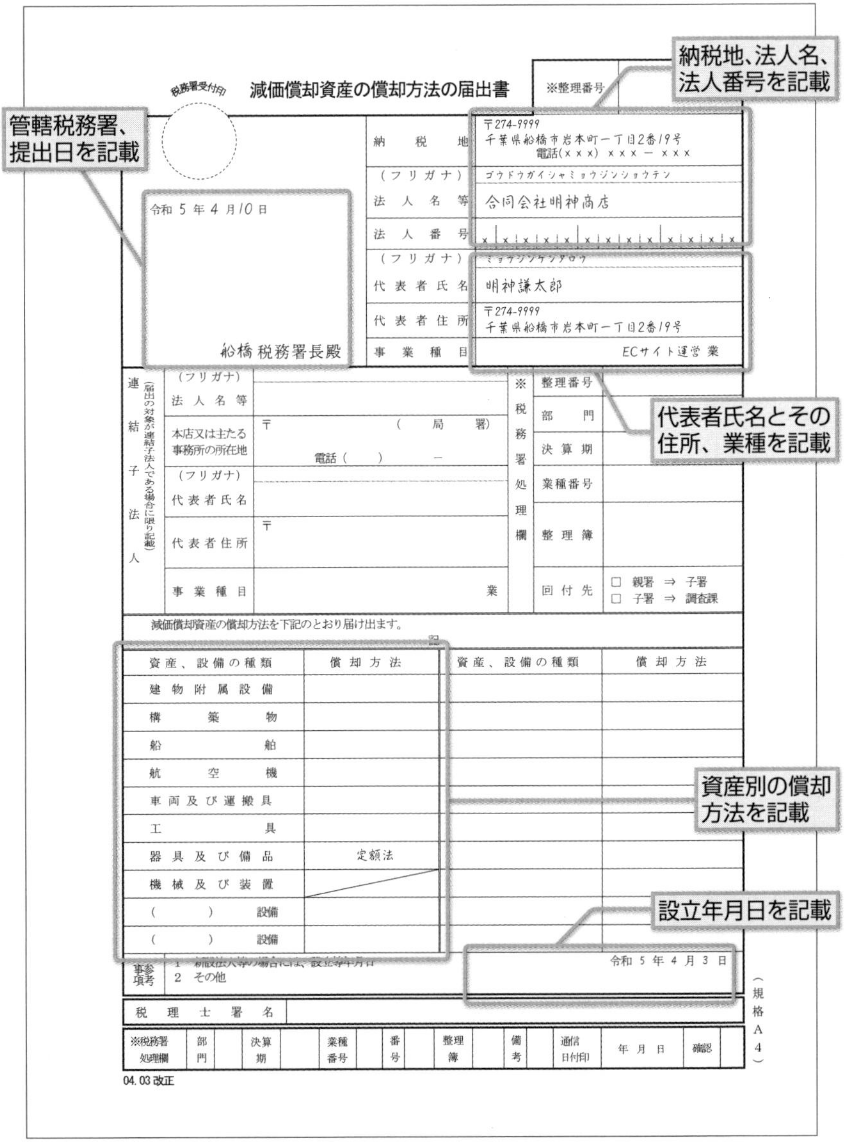

税務署受付印

減価償却資産の償却方法の届出書

※整理番号

令和 5 年 4 月10日

船橋 税務署長殿

納税地	〒274-9999 千葉県船橋市岩本町一丁目2番19号 電話(x x x) x x x － x x x
（フリガナ）	ゴウドウガイシャミョウジンショウテン
法人名等	合同会社明神商店
法人番号	x x x x x x x x x x x x x
（フリガナ）	ミョウジンケンタロウ
代表者氏名	明神謙太郎
代表者住所	〒274-9999 千葉県船橋市岩本町一丁目2番19号
事業種目	ECサイト運営 業

連結子法人（届出の対象が連結子法人である場合に限り記載）			※税務署処理欄	
（フリガナ） 法人名等			整理番号	
本店又は主たる事務所の所在地	〒　（　局　署） 電話（　）　－		部門	
			決算期	
（フリガナ） 代表者氏名			業種番号	
代表者住所	〒		整理簿	
事業種目	業		回付先	□ 親署 ⇒ 子署 □ 子署 ⇒ 調査課

減価償却資産の償却方法を下記のとおり届け出ます。

記

資産、設備の種類	償却方法	資産、設備の種類	償却方法
建物附属設備			
構築物			
船舶			
航空機			
車両及び運搬具			
工具			
器具及び備品	定額法		
機械及び装置			
（　）設備			
（　）設備			

参考事項
1 新設法人等の場合には、設立等年月日　令和 5 年 4 月 3 日
2 その他

税理士署名

※税務署処理欄	部門		決算期		業種番号		番号		整理簿		備考		通信日付印	年 月 日	確認	

04.03改正

（規格A4）

5－13　https://www.nta.go.jp/law/tsutatsu/kobetsu/hojin/010705/pdf/083-1.pdf

資料5－13　消費税課税事業者選択届出書[5-14]

第１号様式

消費税課税事業者選択届出書

管轄税務署、提出日を記載

（収受印）

令和 5 年 4 月 10 日

船橋 税務署長殿

納税地、住所、法人名、法人番号を記載

届出者		
届出者	（フリガナ）	チバケンフナバシシイワモトチョウ
	納税地	（〒274 － 9999 ） 千葉県船橋市岩本町一丁目2番19号 （電話番号　XXX－ XXX－XXXX ）
	（フリガナ）	チバケンフナバシシイワモトチョウ
	住所又は居所（法人の場合）本店又は主たる事務所の所在地	（〒274 － 9999 ） 千葉県船橋市岩本町一丁目2番19号 （電話番号　XXX－ XXX－XXXX ）
	（フリガナ）	ゴウドウガイシャミョウジンショウテン
	名称（屋号）	合同会社明神商店
	個人番号又は法人番号	↓ 個人番号の記載に当たっては、左端を空欄とし、ここから記載してください。 X X X X X X X X X X X X X
	（フリガナ）	ミョウジンケンタロウ
	氏名（法人の場合）代表者氏名	明神謙太郎
	（フリガナ）	チバケンフナバシシイワモトチョウ
	（法人の場合）代表者住所	千葉県船橋市岩本町一丁目2番19号 （電話番号　XXX － XXX － XXXX

代表者名とその住所を記載

下記のとおり、納税義務の免除の規定の適用を受けないことについ［…］の規定により届出します。

課税事業者となる期間を記載

適用開始課税期間	自 平成・(令和) ○年 ○月 ○日　至 平成・(令和) ○年 ○月 ○日		
上記期間の基準期間	自 平成・(令和) ○年 ○月 ○日 至 平成・(令和) ○年 ○月 ○日	左記期間の総売上高	15,000,000 円
		左記期間の課税売上高	12,000,000 円

事業内容等	生年月日（個人）又は設立年月日（法人）	1明治・2大正・3昭和・4平成・(5令和) 5 年 4 月 3 日	法人のみ記載	事業年度	自 4月 1日 至 3月31日
				資本金	1,500,000 円
	事業内容	ＥＣ業	届出区分	事業開始・設立・相続・合併・分割・特別会計・その他	
参考事項			税理士署名押印	（電話番号　－　－	

事業内容を記載

2期前の総売上高、課税売上高を記載。設立事業年度の提出時には記載不要

※税務署処理欄					
整理番号		部門番号			
届出年月日	年 月 日	入力処理	年 月 日	台帳整理	年 月
通信日付印 年 月 日	確認印	番号確認	身元確認 □ 済 □ 未済	確認書類	個人番号カード／通知カード・運転［…］ その他（

注意　1．裏面の記載要領等に留意の上、記載してください。
　　　2．税務署処理欄は、記載しないでください。

5－14　https://www.nta.go.jp/taxes/tetsuzuki/shinsei/annai/shohi/annai/1461_01.htm

資料5－14 有価証券の一単位当たりの帳簿価額の算出方法の届出書[5-15]

有価証券の一単位当たりの
帳簿価額の算出方法の届出書

※整理番号	

税務署受付印

管轄税務署、提出日を記載

令和 5 年 4 月 10 日

船橋 税務署長殿

納税地、法人名、法人番号を記載

納税地	〒274-9999 千葉県船橋市岩本町一丁目2番19号 電話(xxx) xxx － xx
（フリガナ）	ゴウドウガイシャミョウジンショウテン
法人名等	合同会社明神商店
法人番号	x x x x x x x x x x x x x

代表者名とその住所、事業種目を記載

（フリガナ）	ミョウジンケンタロウ
代表者氏名	明神謙太郎
代表者住所	〒
事業種目	ECサイト運営　業

連結子法人（届出の対象が連結子法人である場合に限り記載）			※税務署処理欄		
	（フリガナ） 法人名等			整理番号	
	本店又は主たる事務所の所在地	〒　（　局　署） 電話（　）　－		部門	
				決算期	
	（フリガナ） 代表者氏名			業種番号	
	代表者住所	〒		整理簿	
	事業種目	業		回付先	□ 親署 ⇒ 子署 □ 子署 ⇒ 調査課

有価証券の一単位当たりの帳簿価額の算出方法を下記のとおり届け出ます。

区分	種類	算出方法	新たに取得した年月日
売買目的有価証券	株式	移動平均法 ・ (総平均法)	○ 年 ○ 月 ○ 日
	社債	移動平均法 ・ (総平均法)	○ 年 ○ 月 ○ 日
満期保有目的等有価証券		移動平均法 ・ 総平均法	年 月 日
		移動平均法 ・ 総平均法	年 月 日
		移動平均法 ・ 総平均法	年 月 日
その他有価証券		移動平均法 ・ 総平均法	年 月 日
		移動平均法 ・ 総平均法	年 月 日
参考事項			

区分ごとに種類、算出方法、取得年月日を記載

税理士署名	

（規格A4）

※税務署処理欄	部門		決算期		業種番号		番号		整理簿		備考		通信日付印	年 月 日	確認	

04. 03 改正

5－15 https://www.nta.go.jp/law/tsutatsu/kobetsu/hojin/010705/pdf/ts068.pdf

第3節 都道府県税事務所へ届け出る

浅岡さん、無事に法人設立届出書を提出しました！ 明神

浅岡 おお！　無事に届出が済んだのか。ご苦労様。
ところで、明神の納税地は千葉県船橋市だっけ？
自分の会社の管轄は確認したかい？

確認しました、間違いありません。 明神

浅岡 法人事業税の届出は忘れてないかな？

え？　だから、法人税の届出は、船橋の税務署に間違いなく提出しましたよ。 明神

浅岡 法人税等って聞いたことないかな。法人税に『等』が付いてるんだ、1つじゃないってことだ。

あ!!　たしかに！　じゃあ他はなんですか？ 明神

浅岡

大切なところだから、1つずつ説明しよう。
国に納める税金を『国税』、地方公共団体に対して納める税金を『地方税』と呼ぶんだ。会社は、国だけでなく地方公共団体からもさまざまな行政サービスを受けてるんだから、納税は当然の義務だな。

明神

はい！　これからも船橋の行政にはいろいろお世話になると思います。

浅岡

だから、国税である法人税だけでなく、その会社の本店や支店、店舗や事業所の所属している地元の地方公共団体に、所得に応じた額を納税する決まりになってるんだ。それを法人事業税というんだ。

明神

個人事業のときに、個人事業税は納付していたような……。

浅岡

そう。個人の場合は個人事業税、法人の場合は法人事業税と呼び分けているんだ。2つをまとめて事業税というわけだ。

明神

わかりました。なるほど。

浅岡

法人事業税は、都道府県によって税率が異なるから、確認しておいた方が後々のために役立つぞ。法人の事務所や事業所の所在地である各都道府県、つまり明神の場合は千葉県に対して、会社を設立した日から基本的には1か月以内に届出を出すのを忘れないように。

明神：わかりました。

浅岡：ちなみに法人事業税は『所得×税率』なので、赤字の場合は基本的に払わなくていいんだ。

明神：ちゃんと納税できるように頑張ります！

(1) 管轄を確認する

ア）法人の住所から管轄を確認する

法人事業税の届出は、事務所などが所在する市町村を所管する「都道府県税事務所」に、原則として、設立の日から1か月以内に提出します。

イ）法人設立届出書

たとえば、明神の届出先は船橋県税事務所なので、法人設立届出書は資料5－15の様式となります

①法人の設立等に関する届出書【千葉県の場合】

法人等の設立・廃止・所在地の変更等があった場合に、届出をするための様式です。新たに法人等が市内に設立または事務所等を設置した場合や、すでに市内に事務所等を有する法人等が廃止、解散、合併、所在地の変更をした場合などに届出が必要となります。

②添付書類【千葉県の場合】

登記事項証明書と、定款の写しが必要となります。

ウ）書類の提出方法

令和元年5月24日に、いわゆるデジタル手続法（情報通信技術の活用による行政手続等に係る関係者の利便性の向上並びに行政運営の簡素化及び効率化を図るための行政手続等における情報通信の技術の利用に関する法律等の一部を改正する法律）が成立するなど、各種届出を統合する動きがありますが、本書執筆時点では、それぞれの役所への届出が必要です。

とくに設立当初は、登記事項証明書を求められることが多くあるので、余分に用意しておくとよいでしょう。ほとんどの場合、郵送で済ませることができるので、各役所のWebサイトから書式をダウンロードして郵送しましょう。

受付印を押した控えが欲しい場合は2通送付し、切手を貼った返信用封筒を付けておけば、控えを返送してもらうこともできます。

各都道府県のWebサイトの案内では「登記事項証明書の原本が必要」と記載されている例もありますが、多くの場合コピーで済むことも多いようです。

いずれにしろ、それぞれの役所によって対応は異なりますので、本店所在地などを管轄する各役所に確認をしたうえで、届出を提出するとよいでしょう。

資料5－15　法人の設立等報告書（千葉県の例）[5-16]

本店所在地、法人名、代表者氏名、法人番号、設立登記年月日、資本金、事業目的、事業年度を記載

「設立」に〇をつける

第五十九号様式
その一（一般用）

法人の設立等報告書

受付印

年　月　日

千葉　県税事務所長　様

＊コード欄					
登録事由		組織区分			
課税標準区分		非課税区分		分割区分	

管理
処理

千葉県県税条例第22条の規定により次のとおり報告します。

納税義務者	（ふりがな）	ちばけんふなばししいわもとちょう		
	本店等の所在地	〒274-9999　千葉　都道府県　船橋市岩本町一丁目2番19号　電話（xxx）xxx－xxx		
	（ふりがな）	ごうどうがいしゃみょうじんしょうてん	（ふりがな）	みょうじんけんたろう
	法人名	合同会社明神商店	代表者氏名	明神謙太郎
	法人番号	x x x x x x x x x x x x x		
設立登記年月日	令和5・4・3	資本金の額又は出資金の額　千円 事業の目的　ECサイト運営	事業年度	・・から・・まで ・・から・・まで
報告の区分	（設立）・設置・廃止・変更・休業・解散・結了・合併・その他			

事務所又は事業所の設置・廃止		名称	所在地	設置・廃止年月日
	本県以外に本店が所在するときは、本県における主たる事務所又は事業所		電話（　）－	設置日・・ 廃止日・・
	従たる事務所又は事業所（支店、出張所、工場等）の設置・廃止状況 他の都道府県に本店を有する法人にあっては本県内の事務所等の設置・廃止状況			設 廃 ・・
				設 廃 ・・
				設 廃 ・・
				設 廃 ・・
				設 廃 ・・
	連絡先等	〒　電話（　）－		
	支店等廃止の場合	他の支店等が本県内に存在（する・しない）※存在する場合は下欄に記載してください。		
		所在地・名称	〒　電話（　）－	
	申告期限の延長の処分（承認）の（有・無）	事業税	・・から・・までの事業年度から　月間	
		県民税	・・から・・までの事業年度から　月間	

報告事項の変更		
①本店等の所在地※ ②組織・商号 ③代表者 ④資本金の額等 ⑤事業年度（決算期） ⑥連絡先等 ⑦その他（　）	変更前	
	変更後	
	変更年月日　年　月　日	登記年月日　年　月　日
※本店等所在地変更の場合	旧の本店等は事務所等として（存続・廃止）する。	※本県内に本店が移転した場合は申告期限の延長の有無を記載してください。

休業予定期間	・・から・・まで	理由及び状況	申告書の送付（要・不要）
解散・結了（合併解散を除く。）	清算人　住所	〒	
	（ふりがな）氏名	電話（　）－	解散日・・（登記日・・） 結了日・・（登記日・・）
合併	被合併法人　住所	〒	
	（ふりがな）名称	電話（　）－	合併日・・（登記日・・）
関与税理士住所・氏名	〒　電話（　）－	還付を受けようとする金融機関及び支払方法	銀行　支店 口座番号（普通・当座）

（2019.10）

5－16　https://www.pref.chiba.lg.jp/zeimu/tetsuzuki/documents/59gou.pdf

第4節 市区町村役場へ届け出る

明神：法人事業税の件では、ありがとうございました！

浅岡：いやいや、どういたしまして。

明神：それで、法人税等の『等』は、法人税と法人事業税の2つだけじゃないんですよね？

浅岡：いい着眼点だね。実は、地方税がもう1つあるんだ。

明神：えーと、法人税が国税で、法人事業税が地方税だから……なんですか？

浅岡：『法人税等＝法人税＋法人事業税＋法人住民税』。この3つを法人税等と呼ぶんだ。

明神：法人住民税ですか。僕も毎年、住民税をキチンと納付してます！

浅岡：あたりまえだ（笑）。
ともかく、法人住民税は法人が地方公共団体に支払う税金で、事業者は本店や支店などのある各都道府県および市町村の公共サービスを享受しているという観点から、法人の事業所のある地方自治体から課税され納税義務を負うことになるんだ。

明神：ますます住民税と似通ってますね。

浅岡：法人住民税は『都道府県民税』と『市町村民税』の2つを合わせた税金のことなんだ。
ただし、東京23区内のみに事業所がある法人は『道府県民税』と『市町村民税』と合わせて『都民税』と呼ぶので、注意が必要だな。

明神：はい。

浅岡：つまり、法人住民税の届出も、市町村に提出しなければならないんだ。ここが重要！

明神：え、そうなんですか！？

浅岡：『市町村民税』は、本店所在地を管轄する市町村役場に提出することになる。

明神：忘れないようにしないといけませんね。

浅岡　また、法人住民税は、2つで構成されている。『法人税割』と『均等割』だ。

明神　法人税等が3つに分かれてて、さらに法人住民税も2つに分かれてる……。
ゴチャゴチャになってきました……。

浅岡　法人税割は、赤字だとゼロになる。
均等割は、資本金等の額と従業員数に応じて、納税が義務づけられているんだ。

明神　じゃあ、赤字でも税金を支払うことになるんですか？

浅岡　そういうこと。
ちなみに明神商店の会社規模だと、船橋市の場合、均等割は県税2万円・市税5万円の計7万円となる。

明神　わかりました。今のうちから準備しておきます！

(1)　管轄を確認する

ア）法人の住所から管轄を確認する。

法人住民税に関する届出は、事務所などが所在する市町村を所管する「市町村役場」に、原則として設立の日から2か月以内に提出します。

本店が東京都内の場合、「都税事務所」に、事業開始の日から

15日以内に提出します。

※ 地方公共団体により異なります。本店所在地などを管轄する各役所に、事前にご確認ください。

イ）法人設立届出書

明神の例の船橋市の場合、「法人設立等申告書」を、設立日から2か月以内に提出します。申告書は船橋市のWebサイトからもダウンロードできます（資料5－16）。

①法人の設立等に関する届出書【船橋市の場合】

法人等の設立があった場合に届出をするための様式です。新たに法人等を市内に設立または事務所等を設置した場合などに届出が必要となります。

②添付書類【船橋市の場合】

登記事項証明書と、定款の写しが必要です。

ウ）書類の提出方法

郵送で済ませることができるので、各役所のWebサイトに書式がある場合は、ダウンロードして郵送しましょう。受付印を押した控えが欲しい場合は2通送付し、切手を貼った返信用封筒を同封しておくことで、控えを返送してもらうこともできます。

登記事項証明書は、写しで済むこともあります。それぞれの役所によって対応が異なりますので、本店所在地などを管轄する各役所に確認をしたうえで、届出をするとよいでしょう。

資料5－16　法人の設立等申告書（船橋市の例）[5-17]

法人設立等申告書

市民税課用
受付印

令和5 年 4 月 10 日

船橋市長あて

次のとおり申告します。

（フリガナ）	チバケンフナバシシイワモトチョウ
本店の所在地	〒274-9999 千葉船橋市岩本町一丁目2番19号 電話番号 ×××（×××）×××
（フリガナ）	ゴウドウガイシャミョウジンショウテン
法人名	合同会社明神商店
代表者氏名	明神謙太郎
法人番号	x x x x x x x x x x x x x

（設立）・設置・休業・廃止・合併・解散	令和5 年 4 月 3 日	資本金の額又は出資金の額	150万円
事業の種類	ECサイト運営	事業年度	4 月 3 日から 3 月 31 日まで　　月　日から 月　日まで

船橋市内の事務所又は事業所等	所在地	千葉船橋市岩本町一丁目2番19号	名称	本社
	所在地		名称	
	所在地		名称	

上記の申告事項に変更等を生じた事項	変更した事項	変更前	変更後	変更年月日
				・　・
				・　・
				・　・
				・　・
				・　・
	解散（合併解散を除く。）	清算人の住所・氏名	住所	
			氏名　　電話番号	
	合併	被合併法人の所在地・名称	所在地	
			名称	

関与税理士氏名	電話番号（　　）

添付書類　1．登記事項証明書（履歴事項全部証明書）又は登記簿謄本（写し可）　（第32号様式その2）
　　　　　2．定款等の写し

提出日を記載

「設立」に○をして、設立日を記載

本店所在地、法人名、代表者氏名、法人番号を記載

資本金の額を記載

業種、事業年度を記載

船橋市内の事務所所在地、名称を記載

5－17　https://www.city.funabashi.lg.jp/kurashi/zei/008/p000875_d/fil/houjinseturitutou.pdf

第5節 年金事務所へ届け出る

浅岡　あとは、年金事務所への届出も必要だな。

明神　年金事務所、ってことは年金についての届出ですか？

浅岡　年金事務所では、厚生年金保険に加えて、健康保険の申請、要は社会保険に関する申請を受け付けている。

明神　名前を聞いただけで頭が痛くなってきそうだ……。

浅岡　明神は、新婚だろう？　いざ自分の身に何かあったとき、自分と奥さんを守ってくれるのが社会保険だ。しっかり手続しておかなくちゃ。

明神　それを言われると……。わかりました。

浅岡　とはいえ、たしかに社会保険に関することは複雑でわかりにくい。社会保険労務士、なんて専門資格もあるくらいだしな。

明神：専門家にやってもらった方がいいのかなぁ……？

浅岡：年金事務所では、なんの手続が必要か、どのように記載するか、といった細かいことまで窓口の人が丁寧に教えてくれる。まずは、所轄の年金事務所に相談してみたらどうかな？

明神：どこの年金事務所でもいい、って訳ではないんですね。

浅岡：そう。結構こまかく区分されているので、ちゃんと日本年金機構のWebサイトで確認した方がいいぞ。

（1）書類を作成する

ア）年金事務所で行う手続き

年金事務所では、社会保険（健康保険と厚生年金保険）の手続を行います。法人を設立した際には、社会保険への加入が義務づけられており、会社設立から５日以内に所轄の年金事務所への届出を行う必要があります。

年金事務所の窓口では、必要書類を受け取ったり、記載の方法についての説明を聞くこともできますので、不明点を明らかにしながら、必要な手続を確実に行っておきましょう。

もしくは早い段階から、社会保険労務士に相談することを検討してもよいでしょう。

イ）社会保険の申請に必要な書類

社会保険の申請には、以下の書類を提出する必要があります（以下、★印の書類については、年金事務所や日本年金機構のWebサイトにて取得することもできます）。

★新規適用届（資料5－17）
・登記事項証明書（提出日から遡って90日以内に発行されたもの。原本のみ）
・法人番号指定通知書（国税庁発行のもの）のコピー
・賃貸借契約書のコピーなど（法人事業所の所在地が登記上の所在地と異なる場合）

※　これら書類提出の際に、あわせて「保険料口座振替納付（変更）申出書」を提出することも可能（原則は金融機関へ提出）。

また、法人に使用される被保険者と被扶養者を届け出ます。

★被保険者資格取得届（資料5－18）
★被扶養者異動届（資料5－19）

合同会社を新設する場合には、他の会社に勤務しながら新設会社にも勤務する場合も考えられます。もともとの勤め先と新設会社、それぞれにおいて被保険者に該当する場合は、主となる勤務先を決定し、その勤務先が所属する所轄年金事務所に次の書類を届出する必要があります（合同会社が書類を預かって申請することも可能です）。

★被保険者所属選択・二以上事業所勤務届（資料5－20）

ウ）手続を忘れてしまった場合は

社会保険への加入は必須です。手続を遅延してしまった場合、速やかに年金事務所まで届出を行いましょう。場合によっては、労働実態の把握のために下記書類の提出を求められることがあります。

・出勤簿（タイムカードでも可）
・労働者名簿（任意の形式）
・賃金台帳（任意の形式）

(2) 書類の提出方法

上記(1)の書類は、①所轄年金事務所への直接持参、②電子申請、③郵送、のいずれかの方法で提出します。所轄年金事務所については、日本年金機構のWebサイト[5-18]で確認できます。

5－18　https://www.nenkin.go.jp/

資料5－17　新規適用届[5-19]

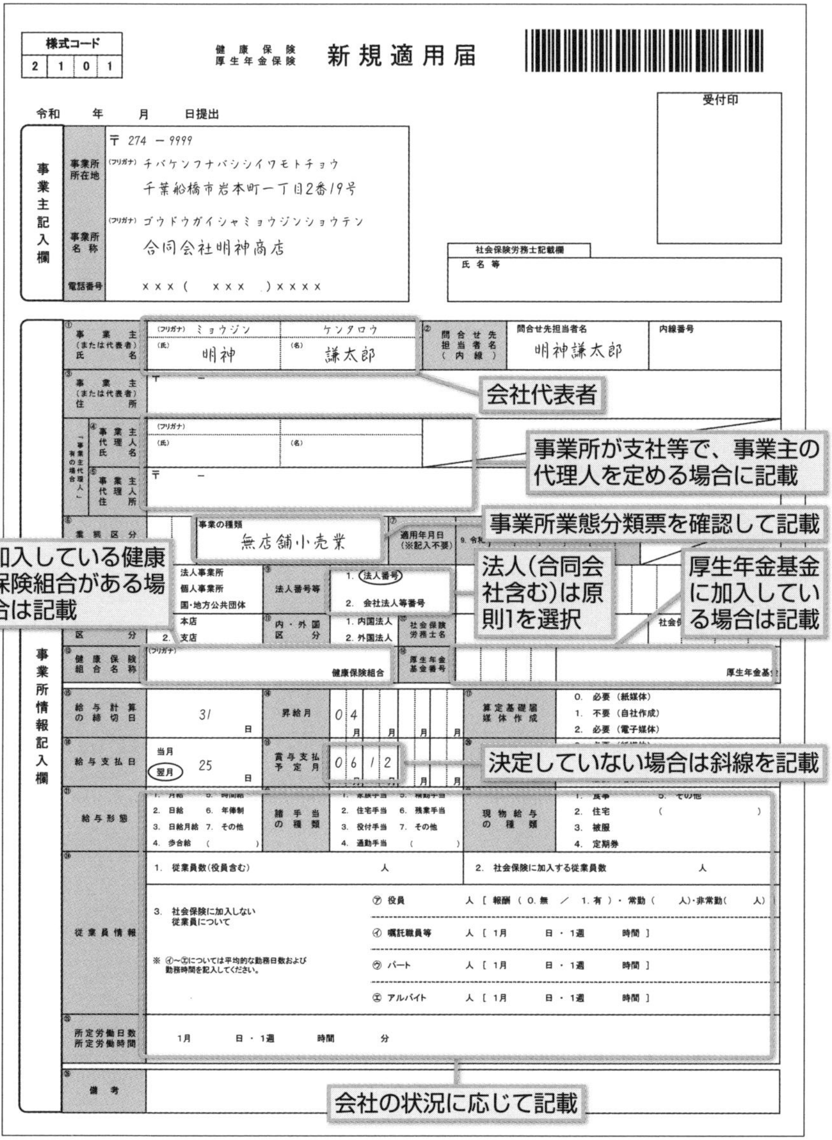

5－19　https://www.nenkin.go.jp/service/kounen/todokesho/jigyosho/20141205.html

資料5－18　被保険者資格取得届[5-20]

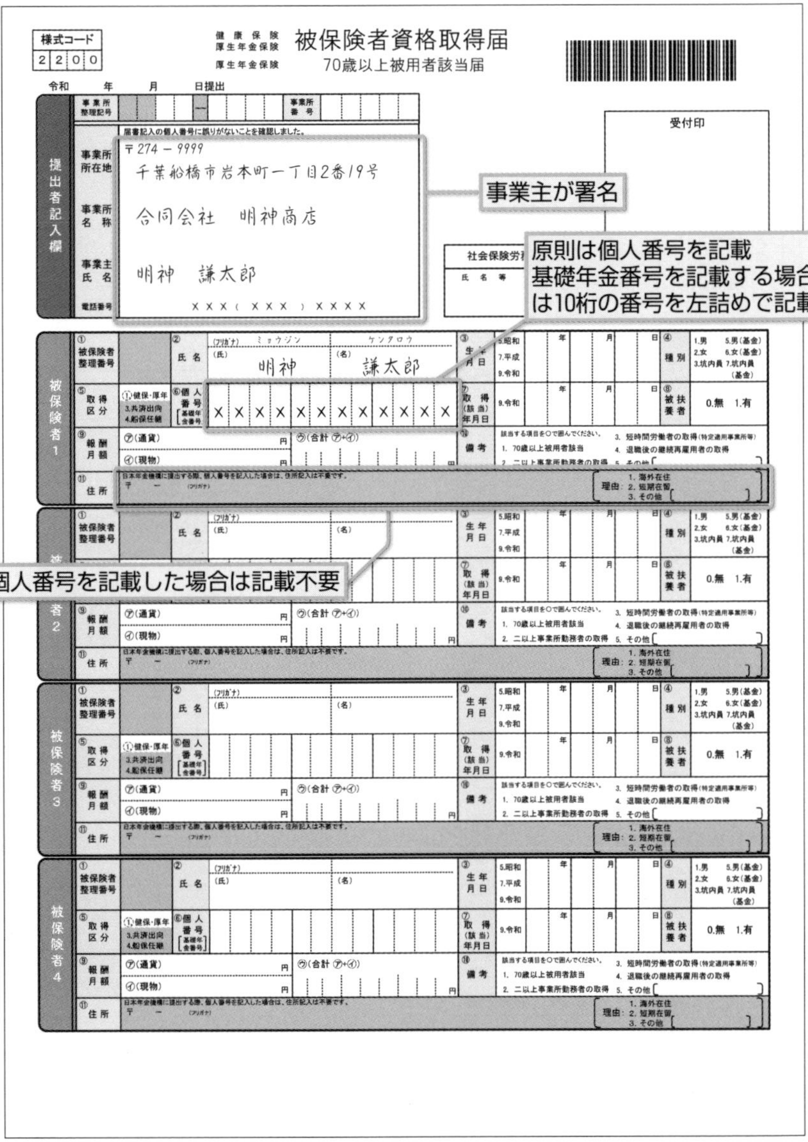

5－20　https://www.nenkin.go.jp/service/kounen/todokesho/hihokensha/20140718.html

資料5－19　被扶養者異動届[5-21]

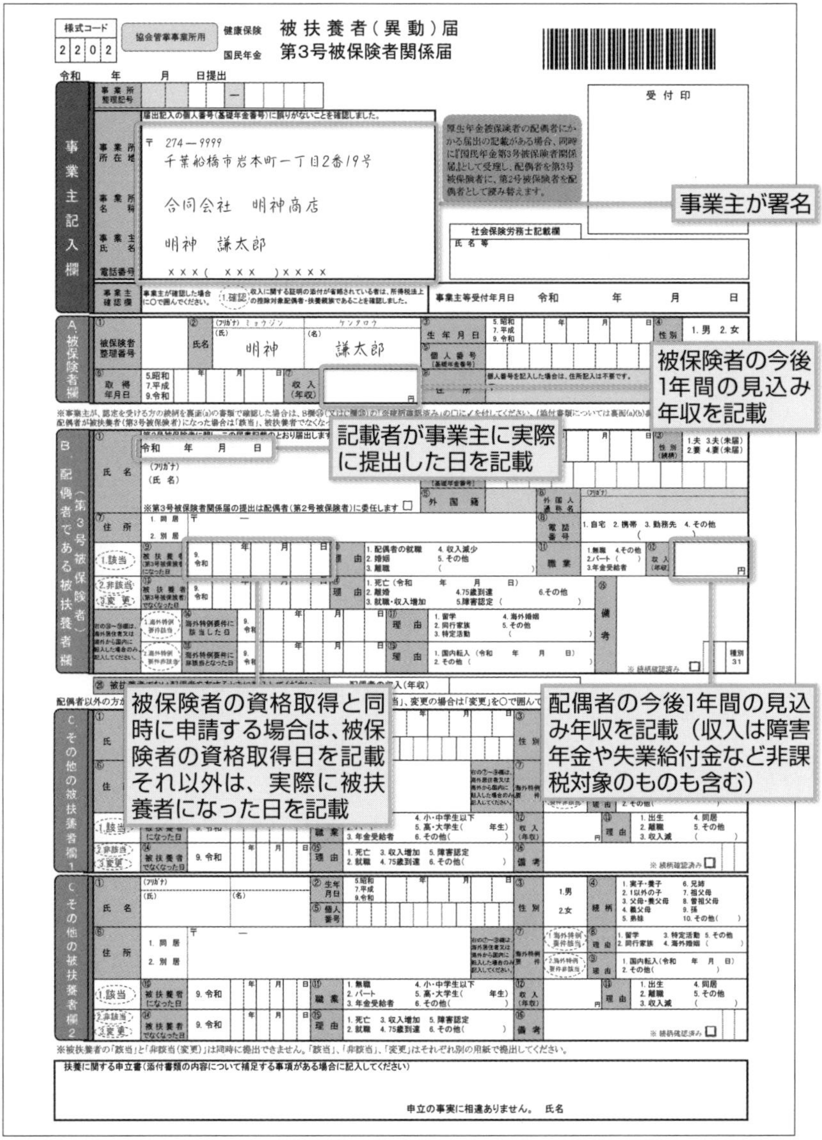

5－21　https://www.nenkin.go.jp/service/kounen/todokesho/hihokensha/20141224.html

資料5－20　被保険者所属選択・二以上事業所勤務届[5-22]

様式コード			
2	3	1	0

事務センター長 所長	副事務センター長 副所長	グループ長 課長	担当者

健康保険 厚生年金保険 被保険者 所属選択 二以上事業所勤務 届

被保険者氏名	(フリガナ) ミョウジン (氏) 明神	ケンタロウ (名) 謙太郎	生年月日	5.昭和 7.平成(○) 9.令和	0 1 年 0 7 月 1 0 日	個人番号(または基礎年金番号)	X X X X X X X X X X X X

	事業所整理記号 / 被保険者整理番号		事業所名称 / 事業所所在地 / 厚生年金基金に加入の場合その名称及び番号			被保険者資格得喪年月日		報酬月額		※標準報酬月額	
選択事業所	千葉	あい	京葉セラミック株式会社			取得	4年 4月 1日	通貨による報酬	280,000円	健	千円
			千葉県千葉市南区北1丁目2-3					現物による報酬	円		
	12		○○工業 基金	△ 基	123 号	喪失	年 月 日	合計	280,000円		
非選択事業所	船橋	うえ	合同会社明神商店			取得	5年 4月 3日	通貨による報酬	160,000円		
								現物による報酬	円		千円
	34		基金	基	号	喪失	年 月 日	合計	160,000 円		
						取得	年 月 日	通貨による報酬	円	厚	
								現物による報酬	円		
			基金	基	号	喪失	年 月 日	合計	円		

令和　年　月　日提出

受付日付印

被保険者
住　所　船橋市岩本町一丁目2番19号
氏　名　明神 謙太郎
電話番号　XXX－XXX－XXXX

※　新規加入の場合は、それぞれの事業所の「健康保険 厚生年金保険 被保険者資格取得届・厚生年金保険 70歳以上被用者該当届」の提出が必要です。
また、すでに全国健康保険協会の被保険者である場合は、被保険者証の整理番号が変更になりますので、現在交付されている被保険者証を添付してください。

※　個人番号（または基礎年金番号）欄に基礎年金番号を記入する場合は、基礎年金番号通知書等に記載されている１０桁の番号を左詰めで記入してください。

【個人番号(マイナンバー)により届出する際の添付書類について】
本人が窓口で届書を提出する場合は、マイナンバーカード(個人番号カード)を提示してください。お持ちでない場合は、次の①および②を提示してください。※1
①マイナンバーが確認できる書類・・・・・・個人番号の表示がある住民票の写し、通知カード(氏名、住所等が住民票の記載と一致する場合に限る)
②身元(実存)確認書類・・・・・・・・・・運転免許証、パスポート、在留カードなど ※2
※1　郵送で届書を提出する場合、または作成された届書を事業所担当者や社会保険労務士等が提出する場合は、マイナンバーカード表裏両面または①および②のコピーを添付してください。
※2　上記以外の②身元(実存)確認書類については、管轄の年金事務所へお問い合わせください。

被保険者が主たる事業所を選択し、選択事業所の名称・所在地を記載

記載事業所が厚生年金基金に加入している場合に記載

被保険者自署

5－22　https://www.nenkin.go.jp/service/kounen/todokesho/hihokensha/20140820-03.html

第6節 労働基準監督署へ届け出る（従業員を雇う場合）

事業が大きくなってきたら、将来的には従業員を雇いたいと、この頃思うようになったんですよ。 明神

浅岡 そうだよな。従業員を1人でも雇うことになったら、労働保険に加入しないといけないぞ。

なんだか難しそうですね。お願いします。教えてください。 明神

浅岡 労働保険っていうのは、2つの保険をまとめた総称なんだ。1つが『労働者災害補償保険』、もう1つが『雇用保険』だ。労災とか雇用保険……聞いたことあるだろう？

あぁ、たしかに聞いたことありますね。会社員の場合は会社が加入してくれていますよね。とくに意識してなかったです……。こういうのって、いろいろと提出しないといけないんですよね？ 明神

浅岡 そう。まずは労働基準監督署に行って、労働保険成立に関する手続を済ませる必要がある。提出する書類はいくつかあるんだ。あと、申請する順番もあるぞ。じゃあ1つずつ説明していこう。

明神：はい！　お願いします。

(1)　労働者災害補償保険（労災保険）とは

労働者災害補償保険（以下「労災保険」といいます）とは、労働者が業務中や通勤途中など、業務に関連した事由で負傷をした場合や病気になってしまった場合、あるいは不幸にも死亡した場合に、労働者自身やその遺族などを保護するため、必要な保険給付を行うものです。加えて、労働者の社会復帰の支援事業を行うなどの労働者福祉事業も行っています。

労働者とは、臨時労働者、季節労働者、パートタイム労働者、アルバイトなどを含みます。労働者を１人でも雇った場合は、ほぼすべてのケースで労災保険の適用事業になると考えてよいでしょう。

労災保険は、事業主が保険料を全額納付します。

ア）暫定任意適用事業と強制適用事業

労災保険が適用される判断は、「事業」ごとに行われます。この場合の事業とは、会社単位ではなく各店舗・営業所・工場などの作業所単位という意味です。たとえば、新たな支店・事業所・店舗などを開設する場合は、その都度、各種申請書の提出が必要となります。

区分としては、「暫定任意適用事業」と「強制適用事業」があります。このうち暫定任意適用事業に関しては、農林水産業を5人未満で営む個人事業などとなっており、その他の事業はすべて強制適用事業に区分されます。適用事業の事業主には、労働保険成立手続を行うとともに、労働保険料を納付する義務が生じます。

イ）成立手続などの方法（提出書類と提出先）

適用事業になった場合に提出する書類は、①**保険関係成立届**と②**適用事業報告**です。これらは、所轄の労働基準監督署などに提出します。提出のタイミングは同時でかまいません。

保険関係成立届の手続を行ったのち、③**概算保険料申告書**の手続を行います。概算保険料申告書に、保険関係成立届の手続後に発行される情報を記載する必要があるためです。

資料5－21　労災保険の提出書類と提出先

提出書類	提出先	提出期限
①保険関係成立届 （資料5－22）	・労働基準監督署（所轄）	保険関係成立日の翌日から起算して10日以内
②適用事業報告 （資料5－23）	・労働基準監督署（所轄）	労働者を雇い入れたときに遅滞なく
③労働保険概算保険料申告書 （資料5－24）	下記のいずれか ・労働基準監督署（所轄） ・都道府県労働局（所轄） ・日本銀行（全国の銀行、郵便局などの代理店、歳入代理店でも可）	保険関係成立日の翌日から50日以内。通常は、他書類と同時に提出し、保険料を50日以内に納付する。

①保険関係成立届

労働保険の適用事業（業種を問わず、労働者を使用するに至ったとき）となった際に、その内容を労働基準監督署（所轄）へ提出し、労働保険加入の手続を行います（資料5－22）。

資料5－22　保険関係成立届

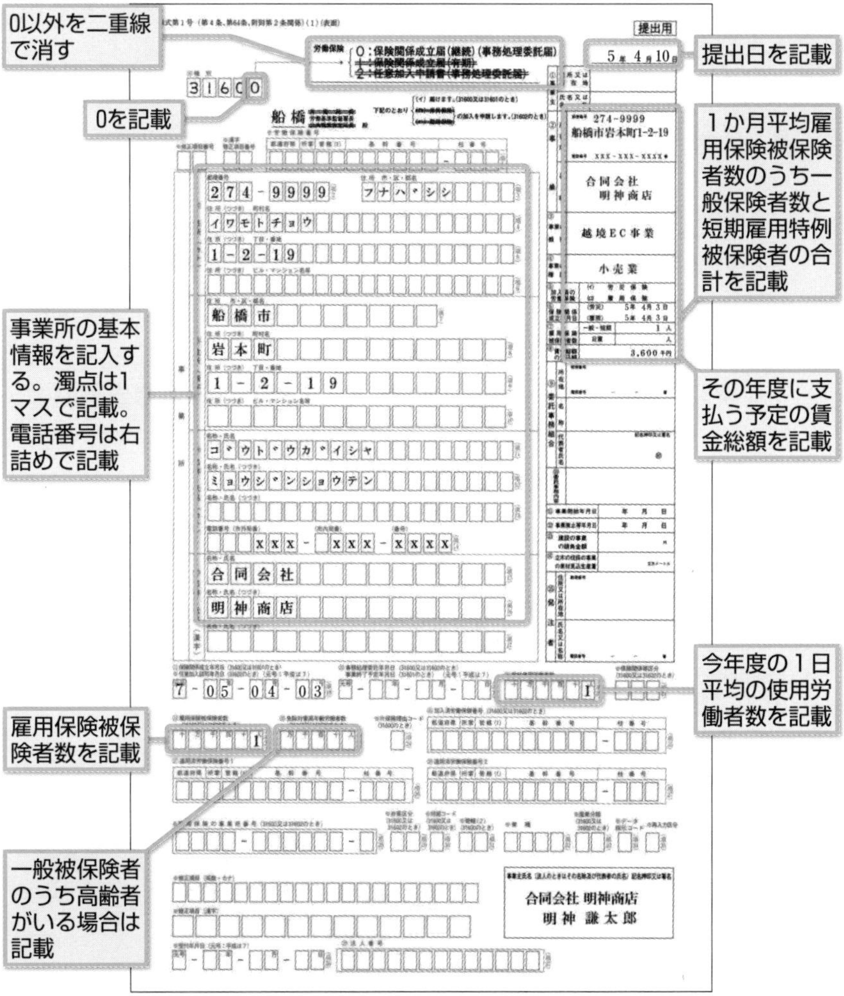

【添付書類】登記事項証明書

【申請方法】窓口持参、郵送、電子政府の総合窓口(e-GOV)[5-23]

5－23　https://shinsei.e-gov.go.jp/recept/procedure-search/

②適用事業報告

適用事業となった際に、その内容を所轄労働基準監督署長に報告します（資料５－23）。

資料5－23　適用事業報告

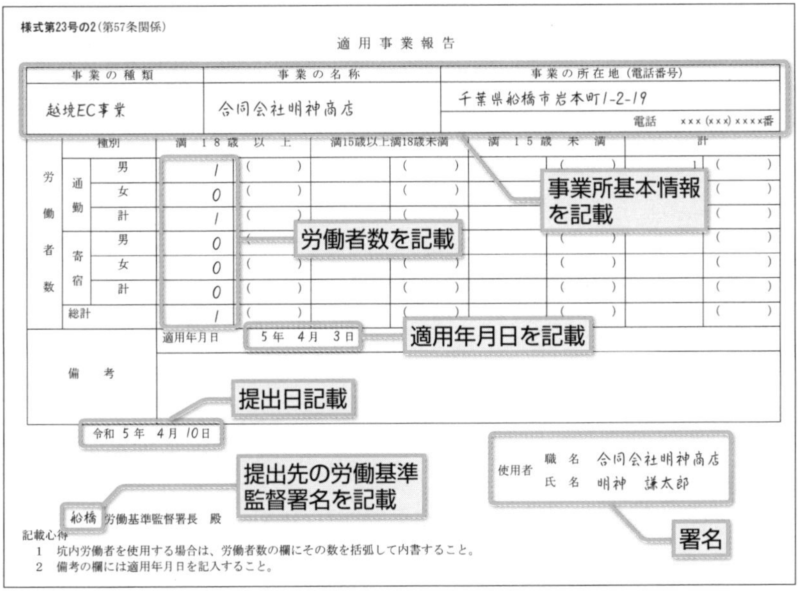

様式第23号の2（第57条関係）

適用事業報告

事業の種類	事業の名称	事業の所在地（電話番号）
越境EC事業	合同会社明神商店	千葉県船橋市岩本町1-2-19 電話　xxx (xxx) xxxx番

労働者数	種別		満18歳以上		満15歳以上満18歳未満		満15歳未満		計	
	通勤	男	1	(　)		(　)		(　)	1	(　)
		女	0	(　)		(　)		(　)		(　)
		計	1	(　)		(　)		(　)		(　)
	寄宿	男	0	(　)		(　)		(　)		(　)
		女	0	(　)		(　)		(　)		(　)
		計	0	(　)		(　)		(　)		(　)
	総計		1	(　)		(　)		(　)		(　)

備考	適用年月日　5年　4月　3日

令和 5 年　4 月 10 日

使用者　職　名　合同会社明神商店
　　　　氏　名　明神　謙太郎

船橋 労働基準監督署長　殿

記載心得

1　坑内労働者を使用する場合は、労働者数の欄にその数を括弧して内書すること。

2　備考の欄には適用年月日を記入すること。

【添付書類】なし

【申請方法】窓口持参、郵送、電子政府の総合窓口（e-GOV）

③労働保険概算保険料申告書

保険関係成立届と同時か提出後に、その保険年度の末日までに支払う賃金の総額見込額に労働保険料率を乗じて算出した労働保険料の概算を申告します（資料５－24）。

資料5－24　労働保険概算保険料申告書

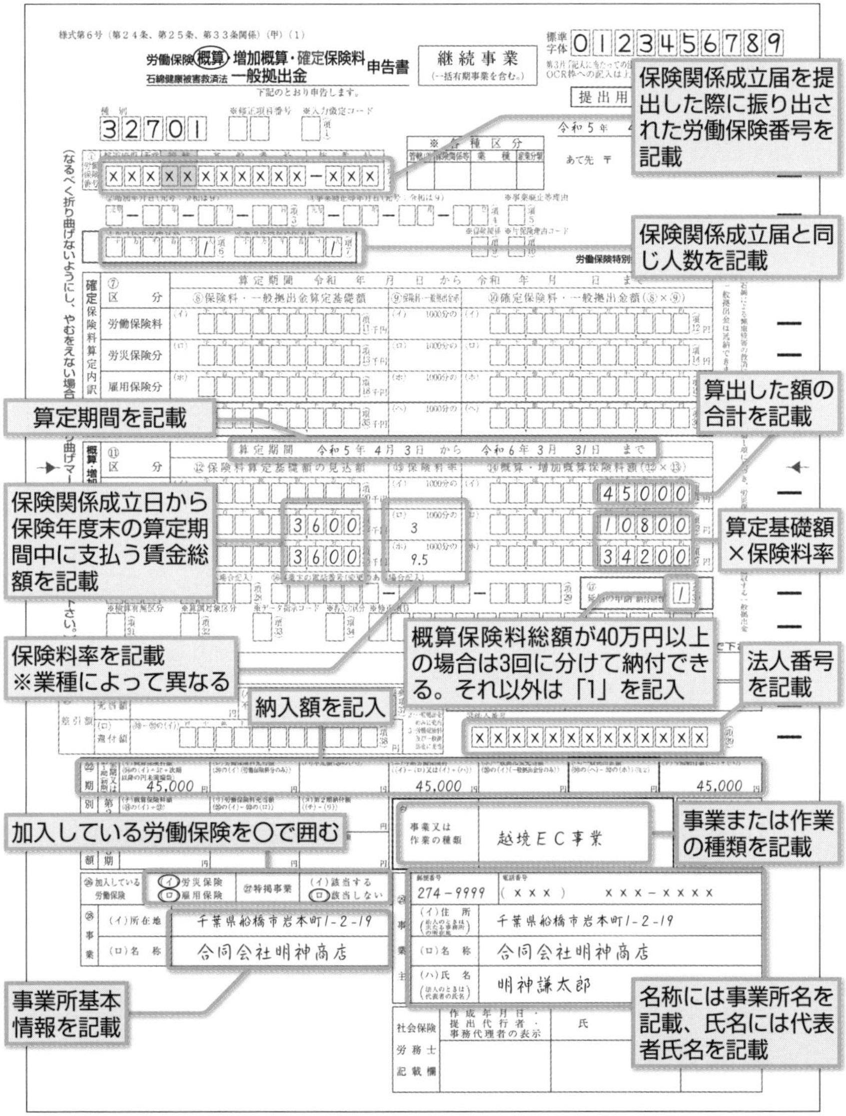

※　領収済通知書については省略しています。

【添付書類】なし

【申請方法】窓口持参、郵送、電子政府の総合窓口（e-GOV）

第7節 公共職業安定所《ハローワーク》へ届け出る（従業員を雇う場合）

浅岡　労働保険成立に関する手続を済ませたら、次は公共職業安定所（ハローワーク）に行ってみよう。

明神　また届出ですか。

浅岡　そうだよ。雇い入れた従業員が雇用保険に加入できるように、手続をする必要があるんだ。

明神　たしかに従業員が失業したときや、育児や介護等で働けなくなったときに保障を得ることができるようにしておくことは、経営者としての義務ですよね。

浅岡　そうだ。雇用保険は、従業員にとってのセーフティネットなわけだ。会社に万が一のことがあったときにも、従業員が路頭に迷わないようにしないといけない。絶対に必要な保険なんだよ。

明神　万が一の事態にはなりたくないですけどね……。

浅岡：それはもちろんなんだけど、従業員を雇うっていうことは、その人の人生を預かるわけだから、何事も抜かりなく手続しないといけないぞ。

明神：はい。身の引き締まる思いがしてきました。さっそく教えてください！

(1) 雇用保険とは

雇用保険とは、労働者が失業してしまった場合、再就職までの期間に労働者自身とその家族の生活の安定を図ったり、再就職に向けて職業訓練を受講するために必要な給付を行うものです。

雇用保険は、原則として労働者を31日以上雇用する見込みがあり、かつ1週間あたりの所定労働時間が20時間以上ある場合に加入義務が生じ、事業者は届出を行わなくてはなりません。

事業主と被保険者双方が雇用保険料を負担しますが、健康保険料のように労使折半ではなく、事業主負担の方が大きくなっています。保険料の算出方法は厚生労働省のWebサイト[5-24]で確認をすることができます。

5-24　https://www.mhlw.go.jp/stf/seisakunitsuite/bunya/0000108634.html

ア）成立手続などの方法（提出書類と提出先）

雇用保険の適用事業となった場合に提出する書類は、①**雇用保険適用事業所設置届**と②**雇用保険被保険者資格取得届**です。どちらも所轄の公共職業安定所（ハローワーク）に提出します。

アルバイトやパートタイマーが週20時間以上働いている場合、継続的に雇用している場合は雇用保険適用事業所となり、適用事業所設置届の提出が必要になります。

資料5－25　雇用保険の提出書類と提出先

提出書類	提出先	提出期限
①雇用保険適用事業所設置届	公共職業安定所	労働者を初めて雇用した日の翌日から10日以内
②雇用保険被保険者資格取得届	公共職業安定所	資格取得の事実があった日の翌月10日まで

①雇用保険適用事業所設置届

会社を設立して労働者を１人でも雇用した場合は、雇用保険の適用が義務づけられます。この適用を受けるため、雇用保険適用事業所設置届（資料５－26）を提出します。電子政府の総合窓口（e-Gov）からダウンロードできます。

資料5－26　雇用保険適用事業所設置届

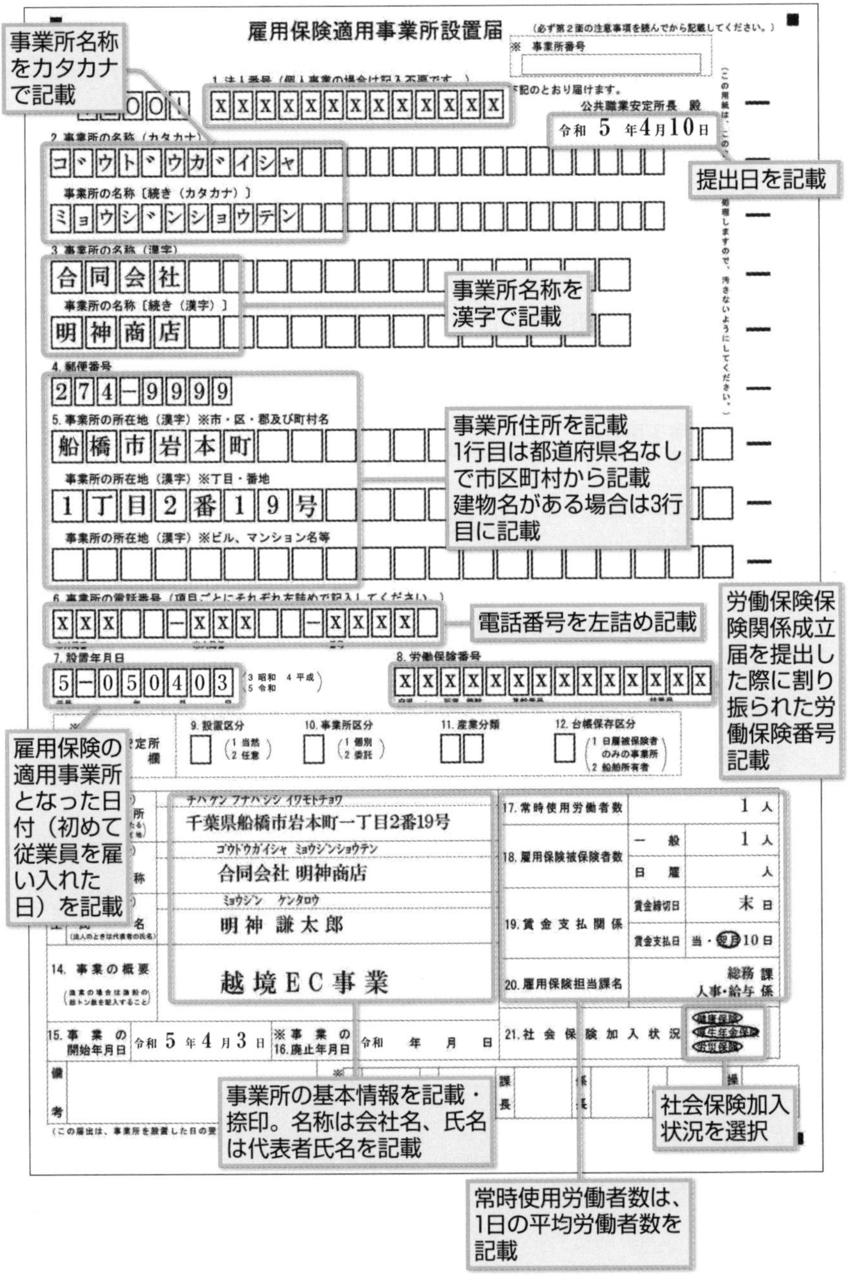
雇用保険適用事業所設置届
（必ず第２面の注意事項を読んでから記載してください。）
※ 事業所番号
1. 法人番号（個人事業の場合は記入不要です。）
XXXXXXXXXXXXX
下記のとおり届けます。
公共職業安定所長　殿
令和 5 年4月10日
2. 事業所の名称（カタカナ）
コ゛ウト゛ウカ゛イシャ
事業所の名称〔続き（カタカナ）〕
ミョウシ゛ンショウテン
3. 事業所の名称（漢字）
合同会社
事業所の名称〔続き（漢字）〕
明神商店
4. 郵便番号
274－9999
5. 事業所の所在地（漢字）※市・区・郡及び町村名
船橋市岩本町
事業所の所在地（漢字）※丁目・番地
1丁目2番19号
事業所の所在地（漢字）※ビル、マンション名等
6. 事業所の電話番号（項目ごとにそれぞれ左詰めで記入してください。）
XXX－XXX－XXXX
7. 設置年月日
5－050403（3 昭和 4 平成 5 令和）
8. 労働保険番号
XXXXXXXXXXXXXX
9. 設置区分（1 当然 2 任意）
10. 事業所区分（1 個別 2 委託）
11. 産業分類
12. 台帳保存区分（1 日雇被保険者のみの事業所 2 船舶所有者）
千葉県《チバケン》船橋市《フナバシシ》岩本町《イワモトチョウ》一丁目2番19号
合同会社《ゴウトウカイシャ》 明神商店《ミョウシンショウテン》
明神《ミョウシン》 謙太郎《ケンタロウ》
（法人のときは代表者の氏名）
14. 事業の概要（漁業の場合は漁船の総トン数を記入すること）
越境EC事業
15. 事業の開始年月日　令和 5 年 4 月 3 日
※事業の16. 廃止年月日　令和　年　月　日
17. 常時使用労働者数　1 人
18. 雇用保険被保険者数　一般 1 人　日雇 人
19. 賃金支払関係　賃金締切日 末 日　賃金支払日 当・翌月 10 日
20. 雇用保険担当課名　総務 課　人事・給与 係
21. 社会保険加入状況　健康保険　厚生年金保険　労災保険
備考
課長　係長　操
（この届出は、事業所を設置した日の翌…）

注　意

1　□□□□で表示された枠（以下「記入枠」という。）に記入する文字は、光学式文字読取装置（ＯＣＲ）で直接読取を行いますので、この用紙を汚したり、必要以上に折り曲げたりしないでください。
2　記載すべき事項のない欄又は記入枠は空欄のままとし、※印のついた欄又は記入枠には記載しないでください。
3　記入枠の部分は、枠からはみ出さないように大きめの文字によって明瞭に記載してください。
4　1欄には、平成27年10月以降、国税庁長官から本社等へ通知された法人番号を記載してください。
5　2欄には、数字は使用せず、カタカナ及び「-」のみで記載してください。
カタカナの濁点及び半濁点は、１文字として取り扱い（例：ガ→カ゛、パ→ハ゜）、また、「ヰ」及び「ヱ」は使用せず、それぞれ「イ」及び「エ」を使用してください。
6　3欄及び5欄には、漢字、カタカナ、平仮名及び英数字（英字については大文字体とする。）により明瞭に記載してください。
7　5欄１行目には、都道府県名は記載せず、特別区名、市名又は郡名とそれに続く町村名を左詰めで記載してください。
5欄２行目には、丁目及び番地のみを左詰めで記載してください。
また、所在地にビル名又はマンション名等が入る場合は5欄３行目に左詰めで記載してください。
8　6欄には、事業所の電話番号を記載してください。この場合、項目ごとにそれぞれ左詰めで、市内局番及び番号は「-」に続く５つの枠内にそれぞれ左詰めで記載してください。（例：03-3456-XXXX→ 03□□□-3456□-XXXX□ ）
9　7欄には、雇用保険の適用事業所となるに至った年月日を記載してください。この場合、元号をコード番号で記載した上で、年、月又は日が１桁の場合は、それぞれ10の位の部分に「０」を付加して２桁で記載してください。
（例：平成14年４月１日→ 4-140401 ）
10　14欄には、製品名及び製造工程又は建設の事業及び林業等の事業内容を具体的に記載してください。
11　18欄の「一般」には、雇用保険被保険者のうち、一般被保険者数、高年齢被保険者数及び短期雇用特例被保険者数の合計数を記載し、「日雇」には、日雇労働被保険者数を記載してください。
12　21欄は、該当事項を○で囲んでください。
13　22欄は、事業所印と事業主印又は代理人印を押印してください。
14　23欄は、最寄りの駅又はバス停から事業所への道順略図を記載してください。

お願い
1　事業所を設置した日の翌日から起算して10日以内に提出してください。
2　営業許可証、登記事項証明書その他記載内容を確認することができる書類を持参してください。

22. 登録印	事業所印影	事業主（代理人）印影	改印欄（事業所・事業主）	改印欄（事業所・事業主）	改印欄（事業所・事業主）
			改印年月日 令和　年　月　日	改印年月日 令和　年　月　日	改印年月日 令和　年　月　日

23. 最寄りの駅又はバス停から事業所への道順

労働保険事務組合記載欄

所在地

名　称

代表者氏名　　　　印

委託開始　令和　年　月　日

委託解除　令和　年　月　日

社会保険労務士記載欄	作成年月日・提出代行者・事務代理者の表示	氏　名	電話番号
		印	

※本手続は電子申請による届出も可能です。詳しくは管轄の公共職業安定所までお問い合わせください。
なお、本手続について、社会保険労務士が電子申請により本届書の提出に関する手[illegible]社会保険労務士が当該事業主の提出代行者であることを証明することができるものを本届書の[illegible]事業主の電子署名に代えることができます。

最寄りの駅やバス停から事業所への道順を記入する。インターネットの地図サイトのスクリーンショットを貼り付けてもよい

（※）本書初刷発行後の令和６年１月、本帳票は改定され、上記の捺印欄はなくなりました（引き続き上記の帳票の使用も可能です）。

【添付書類】
・保険関係成立届（労働基準監督署で受理済の控え）
・登記事項証明書（事業所の実在、設置日および所在地を確認できる書類）
・労働者名簿、賃金台帳、出勤簿またはタイムカードなどの労働者の雇用の事実が確認できる書類（詳細は公共職業安定所にお問い合わせください）
【提出方法】公共職業安定所の窓口に持参、電子政府の総合窓口（e-Gov）で申請可

②雇用保険被保険者資格取得届

事業主や労働者の意思に関係なく、雇い入れた労働者が適用除外に当たらない場合は、雇用保険の被保険者となった旨を公共職業安定所に届け出る必要があります。

この雇用保険被保険者資格取得の届出は、労働者が失業した場合に、支給される給付が正しくなされるために必要な手続です（資料5－27）。

資料5－27　雇用保険被保険者資格取得届

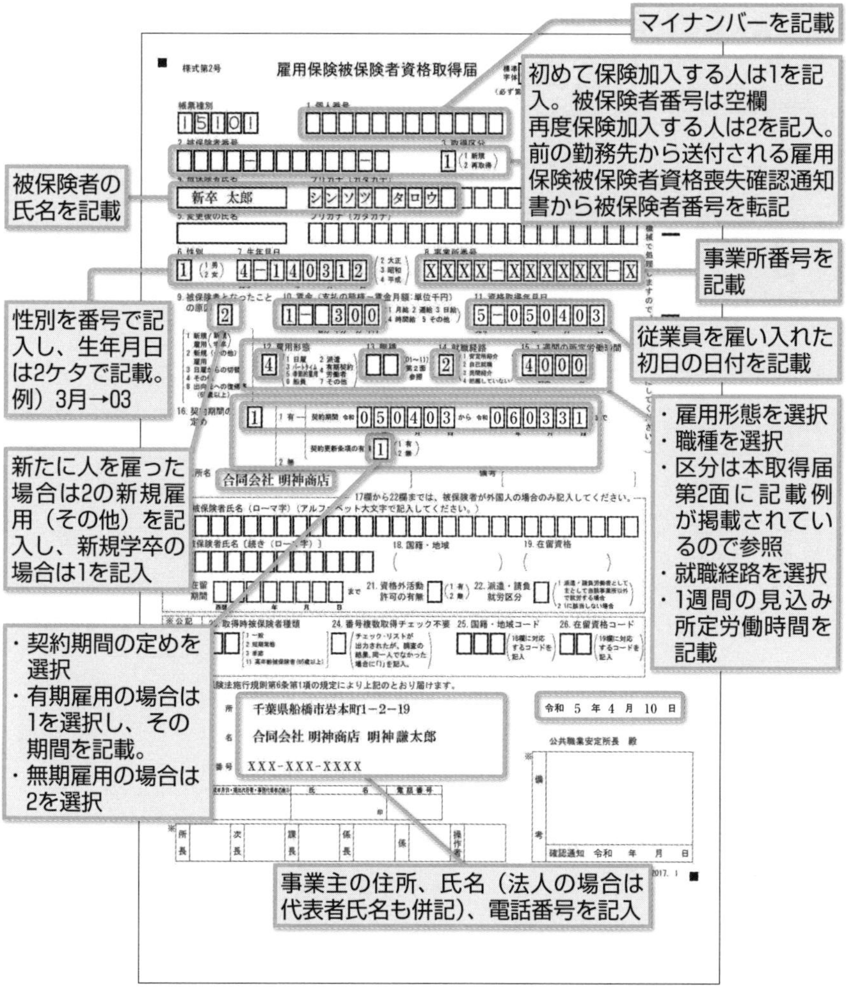

【添付書類】なし

【提出方法】公共職業安定所の窓口に持参、電子政府の総合窓口（e-Gov）で申請可

第8節 許認可を届け出る（届出が必要な事業の場合）

浅岡　明神のECサイトだったら問題ないとは思うけど……。念のため、自分が行おうと考えている事業に許認可が必要ないか、調べておいた方がいいぞ。

明神　『許認可』って何ですか？

浅岡　サービスの提供者や利用者など、事業に関係する人たちに危険や不利益が及ぶことのないよう、業種によっては、開業する際に役所に申請が必要なものがあるんだ。

明神　浅岡さんもご存じの通り、僕の事業はただのECですよ。
そんなご大層なもの、必要なんですか？

浅岡　たとえば小売業でも、リサイクル品などの古物を扱う場合は許可が必要だし、酒に至っては免許が必要なんだ。

明神　たしかに、酒とか薬とかはうるさそうなイメージだな……。

浅岡：一歩間違えれば営業停止になりかねないし、不安があるなら行政書士のような専門家に相談するのもいい。

明神：行政書士、か……。お金がかかりそうだけど、今後のリスクを減らせるなら、相談するのも一手ですね。

(1) 許認可の種類

ア）許認可とは

起業する事業内容によっては、許認可と呼ばれる手続が必要な場合があります。許認可が必要な業種にも関わらずこれを怠ると、刑事罰や営業停止処分などの対象となるおそれもあります。許認可の手続は、省庁・警察署・保健所・都道府県などの行政機関にて行います。

イ）許認可の種類

許認可の種類は多岐にわたり、主要なものでは許可、登録、届出、免許などの種類があります。起業の際には自身が立ち上げる事業に許認可が必要かどうか、事前に確認をする必要があります。

ウ）許認可が必要な事業を立ち上げる際の注意点

許認可が必要な場合、一定の要件を満たすことが必要となる場合があります。たとえば「事業目的」や「資本金」などの要件です。

事業目的に条件がある場合には、その事業を行うための項目を「定款」の「目的」に記載する必要があります（73頁参照）。また、建設業や労働者派遣事業などの事業には資本金規定が存在します。求められる要件は事業ごとに異なりますので、該当事業を立ち上げる際には必ず確認してください。不安な場合には、行政書士など専門家に相談することもおすすめです。

また、許認可の有無は、金融機関などからの融資の際にも大きな影響を及ぼします。融資の申請に先立って、許認可の手続を終わらせておくべきでしょう。

(2) 許認可が必要な業種

許認可が必要な業種は多岐にわたるため、すべてを記載することはできません。代表的なものは次の通りです（資料5－28）。

資料5－28　許認可が必要な業種の例

許認可の種類	業種	必要な許認可・届出の種類
許可	労働者派遣事業	労働者派遣事業許可
	職業紹介事業	有料職業紹介事業許可
	建設業	建設業許可
	薬局	薬局開設許可
	医薬品販売業	医薬品販売業許可
	産業廃棄物処理業	産業廃棄物収集運搬業許可
	運送業	一般貨物自動車運送事業経営許可
	風呂屋	公衆浴場営業許可
	リサイクルショップ・古本屋	古物商許可
	パチンコ屋	風俗営業許可

許可	質　　屋	質屋許可
	旅館・ホテル・民宿	旅館業営業許可
	飲　食　店	飲食店営業許可
	食品製造販売関係	食品営業許可
登録	旅　行　業	旅行業登録
	ガソリンスタンド	揮発油販売業登録
	貸　金　業	貸金業登録
	電気工事業	登録電気工事業者登録
	倉　庫　業	倉庫業登録
	毒物劇物販売業	毒物劇物販売業登録
届出	有料駐車場	路外駐車場の届出が必要な場合あり
	理　容　業	理容所開設届
	美　容　業	美容所開設届
	クリーニング店	クリーニング所開設届
免許	不 動 産 業	宅地建物取引業免許
	酒　　屋	酒類販売業免許

第9節 銀行に届け出る

浅岡：最後は、銀行口座についてだ。

明神：銀行口座なら、資本金を振り込んだ自分の口座がありますよ？

浅岡：通常の取引で利用するのに加え、社会保険の引落しなど、多岐にわたって利用の機会がある。会社設立のタイミングで会社固有の口座を作る必要があるんだ。

明神：楽に手続が終わる銀行とか、ないかなあ。

浅岡：口座開設のための書類は金融機関ごとによって異なるから、あとは直接問い合わせるんだ。

明神：手続の連続で、もうクタクタですよ～～（泣）。

浅岡：……（無言で明神を見る）。

明神：はぁい、わかりましたよ……。

浅岡

新しく作った会社の口座に、自分の口座から資本金を振り込めば、会社設立にかかる基本の手続はいったん終了だ。あと少し、頑張れ！

(1) 書類を作成する

ア）銀行口座の開設に必要なもの

設立登記完了後、登記事項証明書や印鑑証明書が発行できるようになれば、法人の銀行口座を開設できます。

もちろん、必要とされる手続は、銀行ごとに異なります。加えて同一の銀行内でも、登記内容によって必要となる書類が異なるケースもあります。具体的に何が必要か、各金融機関に直接確認しましょう。

一般的には、次の書類が求められるケースが多いようです。

- 登記事項証明書
- 印鑑証明書
- 法人実印、銀行印
- 身分証明書（運転免許証など）

また、固定電話がないと、ネット銀行などでは法人口座を開設できない場合もありますので、注意が必要です。

イ）口座開設にあたっての注意事項

近年、バーチャルオフィスでの起業も増えていますが、**第3章**の第3節（78頁）でも触れたように、銀行口座の開設時に審査にひっかかるなどのトラブルが多発しています。バーチャルオフィスでの設立を考えている場合には、事前に口座の開設を検討している銀行に口座開設の可否、可能な場合は手続に必要な書類について確認をとるとよいでしょう。

また、**第5章**の第5節（225頁）で触れたように、社会保険料は引落し口座を登録する必要がありますが、一部使用できない金融機関が存在します。会社の口座を1つしか作成しない予定なら、使用禁止となっている金融機関以外で口座を開設することをおすすめします。

第6章 設立後1年のあれこれ

第1章 設立を決意
第2章 設立計画
第3章 定款作成
第4章 登記手続
第5章 届出一切
第6章 設立後1年

第1節 資金調達
第2節 会計報告
第3節 登記事項や組織に変更があったら
第4節 経営に関するいろいろ

明神が無事、会社を設立してから約１週間。設立時のドタバタこそあったものの、今のところは事業も順調です。明神は会社設立の報告と助言へのお礼を兼ねて、浅岡を自宅へ招きました。

明神：ようやく会社の設立が終わったので、本格的に法人として営業を開始できます！

浅岡：おめでとう。これでいよいよ合同会社の社長だな。

まりえ：謙ちゃん、すごいすごい！
浅岡さん、本当にありがとうございます。

明神：えへへ。やはりここまでくると、達成感がありますね。

浅岡：そうだな。とはいえ、会社は設立して終わりではない。むしろ、ここからが始まりだ。これからは、日々のオペレーションを実施しつつ、どうやって会社を大きくしていくか、考えていく必要がある。

第1節 資金調達

浅岡　それで、会社の今後の展開についてはどう考えているんだい？

明神　事業は順調に進んでますんで、大丈夫です！

浅岡　順調なのはいいことだけど、ちゃんと計画は立てているのかい？

明神　ええ。最近は発送業務も多くなって、事務所も手狭になってきたので、事務所を借りて、従業員も雇おうと思っています。それから、ECサイトもリニューアルしようかと思います。

浅岡　おいおい、待ってくれよ。いくら順調だからって、いろいろ投資するにはお金が掛かる。資金に余裕はあるのかい？

明神　いえ……、事業は順調ですが、まだ充分にお金があるという状況ではないです……。

浅岡　投資はタイミングが大事だからなあ。お金がなくても投資が必要であれば、検討するべきだよ。

明神：海外からの日本商品に対する注目が日々増しているので、攻めるのは今だと思います！

浅岡：なるほど。そんな明神商店にピッタリな、お金の準備方法があるんだが。

明神：なんですか、それは？

浅岡：創業期の経営者向けに特別優遇された融資制度だ。こういう制度を上手く活用するといい。

明神：いまの自分にはありがたい制度ですね！

浅岡：ただ、融資には審査もあるから、必ず融資が受けられるわけではないことには注意してほしい。

明神：そうなんですね。わかりました！

浅岡：あとは補助金や助成金も活用するといいだろう。

明神：それはどんな制度なんですか？

浅岡：簡単に言うと、返済不要のお金を支給してもらえる制度だな。

明神：お一、それはぜひ使いたいですね！

浅岡：当然だけど、誰でも補助してもらえるわけではない。あとで詳しく説明するよ。

明神：よろしくお願いします！

浅岡：それから、共済制度がいくつかあるから、検討したらどうだろう。

明神：共済制度ってなんですか？

浅岡：小規模企業向けの保険といったところかな。退職金の積立てや、掛金の範囲内でお金を借り入れることもできる。

明神：今後もし独立したら、今までのサラリーマンのように保障がなくなるんじゃないかと不安だったんですよ。不測の事態に備えることができれば、安心ですね。

浅岡：そういうこと。家族を路頭に迷わせるわけにはいかないだろう？

明神：はい、もちろんです！

浅岡　創業して間もない企業や小規模な企業は、外部環境の変化で経営が悪化するリスクが大きいんだ。将来のことを考えて共済制度は入っておいた方がいいだろう。

明神　なるほど！　ぜひ詳しく話を聞かせてください！

事業の開始後、運転資金や設備投資の資金が必要になる場合や、売上が十分に確保できずに資金繰りが厳しくなる場合もあるでしょう。現金が十分にないと、資金がショートして倒産してしまうおそれもあります。安定して経営するためには、資金繰りを計画的に行い、必要に応じてまとまった資金を準備することを検討しておく必要があります。

(1) 融　　資

創業当初は十分な売上実績がないため、銀行などの民間金融機関から信用を得られず、借り入れるのは難しい場合が多いです。民間金融機関は、返済される見込みが低い会社には貸してくれません。とはいえ、創業期の融資を積極的に行いたい金融機関もありますので、一度相談してみてもよいでしょう。

民間金融機関以外から融資を受ける方法として、公的機関である

日本政策金融公庫から、創業期の事業者向けの融資制度を利用して融資を受ける方法があります。一般の融資と比較して、有利な条件で融資を受けることができます。

ここでは、代表的な商品を挙げます（いずれも執筆時点のものです。検討の際は最新情報をご確認ください）。

ア）新規開業資金[6-1]

新規開業資金は、新たに起業する人をサポートするための制度です。具体的には、新たに事業を始める人または事業開始後おおむね７年以内の人が融資を受けることができます。融資の上限は7,200万円（うち運転資金は4,800万円）です。返済期間は、設備資金が20年以内、運転資金が７年以内です。

イ）女性、若者／シニア起業家支援資金[6-2]

女性、若者／シニア起業家支援資金は、女性、若者および高齢者起業家の視点を生かした事業の促進を図ることを目的とした制度です。具体的には、女性、または35歳未満か55歳以上の人で、新たに事業を始める人または事業開始後おおむね７年以内の人が利用できます。主に小規模企業を対象とした国民生活事業の場合、融資の上限は7,200万円（うち運転資金は4,800万円）です。

ウ）新創業融資制度[6-3]

新規開業資金や**女性、若者／シニア起業家支援資金**を利用する際に、担保や保証人が必要となる場合があります。そのような場合、**新創業融資制度**を利用することで、無担保・無保証人で融資を受けることができます。ただし、金利が高くなり、融資を受け

6－1　https://www.jfc.go.jp/n/finance/search/01_sinkikaigyou_m.html
6－2　https://www.jfc.go.jp/n/finance/search/02_zyoseikigyouka_m_t.html
6－3　https://www.jfc.go.jp/n/finance/search/04_shinsogyo_m.html

られる限度額が3,000万円（うち運転資金は1,500万円）にまで引き下がってしまいます。事業の状況に応じて、利用するかどうかを検討しましょう。

融資対象は、新たに事業を始める人、または事業開始後税務申告を2期終えていない人で、新たに雇用を創出する事業を始める人です。ただし、新たに事業を始める人、または事業開始後税務申告を1期終えていない人は、創業時において創業資金総額の10分の1以上の自己資金（事業に使用される予定の資金）を確認できる必要があります。また、申請の際には、的確な事業計画が作成できているかについての審査があります。

なお、**新創業融資制度**は単体で利用することはできず、**新規開業資金**や**女性、若者／シニア起業家支援資金**など各種融資の特例措置として利用できます。

(2)　補助金・助成金の活用

補助金と助成金は、国や各自治体が行っている、返済不要のお金を支給してくれる制度です。補助金と助成金は、国や自治体、利用する対象者の違い等によって区別されます。厚生労働省の管轄は助成金、経済産業省や自治体の管轄は補助金と呼ばれます。利用者にとっては、助成金は必要な申請書類を提出し、要件を満たせば交付されますが、補助金は申請後に審査が行われ、採択されるかどうかが決定するという点で異なります。採択されなければ補助金は一切交付されません。補助金は、助成金に比べて、交付金額が大きいものが多いことも特徴です。

注意点は、設備投資に利用する予定の場合、お金が交付されるまでの間、自己資金を投入する必要があることです。自己資金で賄えない場合は、金融機関などから資金を調達する必要があります。また、各公募には上限金額や補助率や助成率が設定されており、かかった費用のうち一部分のみが補助・助成されますので、補助対象外の一部の費用に関しては自身で支払う必要があります。

国や各自治体は、補助金・助成金を交付することによって事業の取組みを後押しし、経済の活性化につながるようサポートしています。事業の目的にあった制度があるはずですので、ぜひ探してみてください。

補助金・助成金は、国の政策によって決定されるため、同じ補助金・助成金がずっと続くとは限りません。その時点で募集されている公募は、Webサイト[6-4]等でご確認ください。

(3) その他の資金調達

その他の資金調達方法として、親族や友人からお金を借りるケースも少なくないでしょう。もしも借りることができるのであれば、簡単な書類だけで、無担保、無保証人、無利息で借りることができる可能性があります。しかし、返済が滞ったり、返済できなくなったりすると、人間関係が悪化するおそれもありますので、本当に返済できるのか、今後の人間関係をしっかり考えたうえで慎重に借りる方がよいでしょう。

6-4 参考Webサイトの例
- 厚生労働省「各種助成金・奨励金等の制度」
  https://www.mhlw.go.jp/seisakunitsuite/joseikin_shoureikin/
- 中小企業庁「補助金等公募案内」
  https://www.chusho.meti.go.jp/koukai/koubo/
- 中小企業庁「ミラサポplus」
  https://mirasapo-plus.go.jp/
- 中小企業基盤整備機構「J-Net21」
  https://j-net21.smrj.go.jp/

(4) 共済制度

共済制度とは、生命保険・損害保険に類似した保障または補償事業です。掛金は所得から控除（損金または必要経費に算入）できるため、節税効果があります。また、共済制度は掛金の範囲内で貸付も行っており、資金調達の手段としても利用できます。

ア）小規模企業共済制度

小規模企業の経営者や役員が事業を辞めたり退職したりした場合に、生活の安定や事業の再建を図るための資金をあらかじめ準備しておく共済制度です。経営者の退職金制度といえます。

月々の掛金は、1,000円～7万円まで、500円単位で自由に設定ができます。

メリットは、個人の確定申告の際、掛金を全額所得控除できることや、掛金の範囲内で低金利での貸付制度を利用できることです。デメリットは、20年未満で任意解約した場合は、元本割れする可能性があることです。

イ）経営者セーフティ共済

取引先の倒産は、いつ起こるか予測することができません。自社の経営は安定していても、取引先の倒産により売掛金を回収できなければ、会社の経営が危うくなります。

経営者セーフティ共済は、取引先の倒産により危機に直面した中小企業が借り入れることができる共済制度です。無担保・無保証人で掛金の最大10倍（最高8,000万円）まで借入れできます。掛金は、合同会社や株式会社など法人の場合は損金として（個人事業主の場合は必要経費として）算入できます。掛金月額は5,000円～20万円まで、5,000円単位で自由に設定でき、加入後も随時、増額・減額できます。

ウ）退職金共済制度

退職金共済制度は、従業員向けの退職金制度です。

掛金は全額事業者が支払い、退職金は直接退職者に支払われます。

他の共済制度と同様、法人の場合は損金として（個人事業主の場合は必要経費として）全額を非課税とすることができ、節税にもなります。また、掛金は従業員ごとに自由に設定でき、事業規模や従業員の勤続年数にあわせて、柔軟に金額を設定することができます。

第2節 会計報告

浅岡：事業は順調かな？

明神：はい、浅岡さんのサポートのおかげです。
ところで、普段の経理処理は、個人事業主のときとなにか違いとかありますか？

浅岡：法人化を機に白色申告から青色申告にしたんだったね。青色申告の場合は、とくにきっちりと帳簿を付けなければならないんだ。

明神：任せてください！　帳簿付けは得意です。

浅岡：それから、法人になると、確定申告時に税務署に提出しなければならない書類も増える。

明神：そうなんですか？　財布はちゃんと分けるようにしてます。

浅岡：個人事業主のときとは違い、合同会社という法人格、つまり別の人格が存在しているようなもの。自分でつくった会社とはいえ、個人のお金の出入りとはきっちり区別しないといけない。自分の報酬も、きっちりと金額を決めて支払う必要があるね。

明神：役員報酬ですよね。個人事業主のときみたいに、月々の利益を生活費に充てられないし、ちょっと不便なんですよね。

浅岡：そのあたりをしっかりと区別していることで、信用度も増すというものだよ。

明神：あと、先日も相談したことですが、業務が増えてきて、手一杯になってきたら、従業員を雇おうかと思っています。経理処理ではどういうことが必要ですか？

浅岡：従業員を雇って給与を支払う際には、以前説明した労働保険の届出を行う以外にも、源泉徴収をしたり、賃金台帳を付けたりする必要があるけど、そのあたりは大丈夫かい。

明神：あまり知りません……。

浅岡：それじゃあ、詳しく説明するから、しっかり聞いてほしい。

明神：ありがとうございます！

(1) 給与の支払い

ア）代表社員の給与の考え方

個人事業主には、経営者に対しての給与や退職金という概念がありません。法律でも生活費に対する制約がないため、個人事業主においては、利益が出た場合はそこから個人に対する貸付（事業主貸）として生活費を引き出し、利益が出なかった場合は自分の預貯金からの持ち出し（事業主借）で事業運営をするなど、柔軟な対応も可能です。

しかし法人になると、自分への生活費も「法人から個人への給与の支払い」ということになり、他の社員や従業員への給与の支払いと基本的に同じ手続により、支払うことになります。今月は利益が出なかったから給与はなし、翌月に利益が多く出たので前月の分もまとめて支払う、というような考え方はNGとなります(資料6－1)。

資料6－1　給与の支払手続

	個人事業主	法　人 （合同会社・株式会社など）
経営者	事業主貸（毎月支給額の変動が可能）、経費にはならない、退職金支給不可	役員給与（毎月定額[6-5]、源泉徴収あり）税務上も要件を満たせば経費計上が可能、退職金支給が可能
従業員	給与（定額、源泉徴収ありの場合となしの場合がある）経費計上が可能[6-6]	使用人給与（源泉徴収あり）税務上も経費計上が可能

6-5　経営者にいわゆるボーナスを支給する場合、税務上も経費にするためには、税務署へ「事前確定届出給与に関する届出」の提出が必要。

6-6　生計を一にしている配偶者その他の親族が納税者の経営する事業に従事している場合は、原則として必要経費にならない。

イ）給与の支払手続

合同会社が社員（代表社員含む）や従業員に給与を支払う際には、所得税・復興特別所得税をあらかじめ引かなければなりません（源泉徴収）。

また、賃金を支払う際には、賃金台帳をつけなければなりません。賃金台帳に必要な項目は資料6－2の通りです。

資料6－2　賃金台帳に必要な10項目

・労働者氏名	・時間外労働時間数
・性　　別	・深夜労働時間数
・賃金計算期間	・休日労働時間数
・労働日数	・基本給や手当などの種類と額
・労働時間数	・控除の項目と額

賃金台帳は、最後に記載してから3年間の保管義務があります。

賃金台帳のほか、労働者名簿、出勤簿をあわせて法定三帳簿といい、それぞれ法人には作成の義務があります。

(2)　源泉徴収と年末調整

第5章の第2節の通り、従業員を雇う際はもちろん、法人を設立し自分自身への給与支払いが発生した場合も、源泉徴収が必要です。差し引いた税金は、給与の支払者（会社）が国に納付します。

ア）源泉徴収の額の算出

源泉徴収税額は、「給与所得の源泉徴収税額表（月額表および日額表）」または「賞与に対する源泉徴収税額の算出率の表」により求めます。年度や給与、賞与などの種類、「給与所得者の扶養控除等（異動）申告書」の提出の有無などにより税率が変わります。

これらは国税庁のWebサイト[6-7]等で、毎年確認が必要です。

イ）源泉徴収した税金を納めるタイミング

源泉徴収した所得税・復興特別所得税は、通常は月に１回、給与などを実際に支払った月の翌月10日までに納付します。ただし、**第５章**の通り、従業員が常時10名未満の事業主は、税務署に申請すれば、年２回（原則、７月10日と翌年１月20日）でまとめて納付することができます（納期の特例。実務では「のうとく」と呼ぶこともあります）。毎月の手間やキャッシュフローを考えれば、半年に１回の作業で済むので随分楽になりますので、資金繰りの面からも含め、提出を検討してみましょう。

ウ）給与だけではない源泉徴収

法人になると、取引相手が個人の場合、講演料・デザイン料・執筆料や、弁護士・公認会計士・税理士・司法書士などへの報酬も、基本的には源泉徴収しなければなりません。

たとえば、気軽に頼めるクラウドソーシングなどは、フリーランスの業態が多いので、その料金についてこれらに該当する場合は、個人に支払う報酬として、源泉徴収しなければならないということです。

基本的なものは国税庁のWebサイト[6-8]にも載っていますが、解釈がわかりにくいものもあります。わからないときは、税務署や税理士に相談しましょう。

また、税務署では、「○年版 源泉徴収のあらまし」という冊子

6－7　https://www.nta.go.jp/taxes/tetsuzuki/shinsei/annai/gensen/annai/1648_01.htm
6－8　https://www.nta.go.jp/taxes/shiraberu/taxanswer/gensen/2792.htm

を配布しています（国税庁のWebサイト[6-9]でも閲覧可能）。源泉徴収事務をするにあたって、1冊あると便利です。

エ）年末調整とは

会社では、役員や従業員に給料を支払うときに、所得税・復興特別所得税を源泉徴収で差し引き、先に納付しています。しかし、1年間に源泉徴収をした所得税などの金額は、1年間に納めるべき税額とは必ずしも一致しません。そこで、納付した税金の過不足を年末に調整する必要があります（年末調整）。

年末調整は、法人の決算月に関わらず、一般的に12月給与が支払われる年末に行わなければなりません。税金を払いすぎている場合は、従業員に還付しなければなりませんし、徴収税額に不足がある場合は、不足分の税額を徴収しなければなりません。社員（代表社員含む）も給与をもらっていれば、同様の手続になります。

雇用関係にない個人や法人への報酬については、支払いを受けた側で確定申告を行うため、支払った側である会社での手続は不要です。

年末調整の対象となるのは、「給与所得者の扶養控除等（異動）申告書」を提出している人です。また、2,000万円を超える給与の支払いを受ける人は、年末調整の対象になりませんので、注意してください。

オ）年末調整のスケジュール

給与所得者（従業員や社員、代表社員）が会社に提出する必要のある書類は、次の4点です（執筆時点）。

6-9　令和6年版
https://www.nta.go.jp/publication/pamph/gensen/aramashi2023/index.htm

・給与所得者の扶養控除等（異動）申告書
・給与所得者の保険料控除申告書
・給与所得者の基礎控除申告書兼給与所得者の配偶者控除等申告書兼所得金額調整控除申告書
・給与所得者の(特定増改築等)住宅借入金等特別控除申告書

例年10月頃から上記の書類を準備し、11月に入ったら配付、11月半ば～末頃に回収し、所得税を再計算後、12月の給与で精算という流れが一般的です。これら申告書はいずれも、基本的に、給与の支払者である法人が保管しておくことになっています。税務署長および市区町村長からとくに提出を求められた場合以外は、提出する必要はありません。

年末調整が終了したら、会社側では給与所得の源泉徴収票を2通作成し、翌年1月31日までに1通を税務署長に、もう1通を給与所得者（社員や従業員）に交付します。

また、**ウ）**のように、専門家への報酬などで源泉徴収をした場合には、源泉徴収票ではなく支払調書の作成が必要です。1通を税務署長に交付することが義務づけられていますが、支払調書の場合は、報酬の支払先への送付義務はありません。ただし、先方にとっては確定申告の際に支払調書がある方が助かるので、要望があれば送付するか、事前に送付すると親切です。

これら、源泉徴収票や支払調書をまとめて法定調書といいます。法定調書の提出については、10月頃に国税庁から企業宛に必要書類が送られてくるので、忘れることはないと思いますが、初年度は時間もかかるので、「給与所得の源泉徴収票等の法定調書の作成と提出の手引」[6-10]等を参考にしながら、余裕をもって手続を始めましょう。

(3) 利益の配当

会社設立して間もないときは、経営者（代表社員）の給与を支払ってもやっていけるのか不安なものです。

合同会社では、出資者（社員）に対して利益の配当をすることができます。株式会社でいうところの株主配当にあたります。株主配当の場合は所有する株式の数に応じて配当額が変わりますが、合同会社の場合は定款で定めれば、出資比率に関わらず損益分配の割合を変えることも可能です。

では、給与額を極端に抑えて、期末の利益分配で調整すればいいのかというと、そうではありません。給与は基本的には損金算入、つまり経費として計上できますが、利益の配当は資本取引であるため損金算入ができません。つまり、利益の配当にすると経費にならないので税金は安くならず、給与で支払う方が経費になる可能性があるので、税負担が少なくなるのです。また、利益の中から会社の運転資金や将来の設備投資にいくら充てるのかなども、考えておかなければなりません。

しっかりと事業年度の収支計画を立てたうえで、現実的な給与の設定をし、最終利益が出た場合に余剰資金があれば、利益の配当を検討するとよいでしょう。

(4) 決　算

1年ごとに、会社の収入・支出を計算し、財政状態と経営成績を把握するため、「決算」という処理が必要になります。いわば会社の通知表のようなものです。個人事業主の場合、決算月は12月と

6−10　令和5年分　給与所得の源泉徴収票等の法定調書の作成と提出の手引
https://www.nta.go.jp/publication/pamph/hotei/tebiki2023/index.htm

決められていますが、合同会社は定款に定めた事業年度に基づく決算月になります（**第３章**の**第５節**参照）。大企業では３月決算の法人も多いですが、事業の内容などによって決算月はさまざまです。

決算後で忘れてはならないのは、税務署への申告です。各事業年度終了日の翌日から原則として２か月以内に法人税等の申告書を作成して提出する必要があります。また、税務署への申告納付と同時に、都道府県税事務所、市町村役場への納税も必要です。

資料6－3　決算時期と申告・納税期限

	個人事業主	法人（合同会社・株式会社など）
決算月	12月	定款に定めた決算月
（所得税・法人税） 申告納税の期限	翌年3月15日※、 振替納税や延納の制度あり	事業年度終了日の翌日から2か月以内 例）3月31日決算→5月31日※ 7月31日決算→9月30日※
（所得税）予定納税／ （法人税）中間納付 （前年に黒字の場合）	原則、7月と11月に1/3ずつ	原則、半期に1回1/2

※　申告期限・納期限が土・日・祝日などの場合は、その翌日が期限。「申告期限の延長の特例」の制度あり。

ア）　決算で必要な書類

合同会社の決算で必要な書類は、次の４つです。

- 貸借対照表
- 損益計算書
- 社員資本等変動計算書
- 個別注記表

これらは、会社法で10年間保管することが定められています。

個人事業主の場合、特に白色申告をしていたときは、家計簿のような収支がわかる記帳で何とか管理できていたかもしれませんが、法人になるとそうもいきません。決算で必要な書類作成のために、さまざまな帳簿（仕訳帳・総勘定元帳などの主要簿や、現金出納帳・売掛金元帳、固定資産台帳などの補助簿）をつけなければならないのです。

イ）会計ソフトを活用しよう

以上のように、法人になると新たに記帳義務のある書類がたくさん出てきます。そんなときに便利なのが会計ソフトです。ひと昔前までの会計ソフトといえばCD－ROM商品が主流で、価格も高額でした。しかし、近年は低価格のクラウド型の会計ソフトもたくさん出回っています。freeeやマネーフォワードクラウド、弥生会計オンラインなどが有名ですが、他にもたくさんあります。個人用とは違い、法人用を完全無料で継続利用できるものは少ないですが、導入前のお試し期間があるものもあります。

また、経費の記帳は通常レシートを見て手入力する必要がありますが、会計ソフトの中には、レシートをスマートフォンで撮影して自動入力できるものなどもあります。業務が格段に効率的になりますので、ぜひ活用してみましょう。

第3節 登記事項や組織に変更があったら

明神：相談なんですが、事業を一緒にやりたい友人がいるので、社員として迎え入れたいと思っています。

浅岡：従業員ではなく社員としてか。どういう人なんだい？

明神：観光業に詳しくて、今後やりたいと思っているインバウンドの観光サポートに協力してくれます。

浅岡：ビジネスパートナーは慎重に選んだ方がいいけど、明神が信頼できる相手なら、問題ないんじゃないかな。

明神：はい、信頼できる人です。

浅岡：合同会社で社員として迎えるということは、「社員＝役員」が増えるということだな。追加出資するなら、資本金の額も増えることになる。現社員からの持分譲渡（や現物支給）という方法もあるが、いずれも手続が必要なんだ。

明神：わかりました！

浅岡：それから、事業目的が増えるなら、定款の変更が必要になるな。

明神：そっかあ、そうですよね。

浅岡：順調に事業を拡大できたなら、後々、株式会社に組織変更することも検討しておいた方がいいかもしれない。

明神：そうか、合同会社から株式会社に組織変更できるんですよね。

浅岡：そう、合同会社だけでなく、いろんな法人に組織変更できる。株式会社に組織変更するケースがほとんどだけども。

明神：株式会社に変更するメリットは、やはり信用ですか？

浅岡：それだけではないけど、やはりそれが一番大きな理由かな。

明神：取引先や銀行の印象が違うってことですね？

浅岡：わかってるじゃないか。ずいぶん成長してきたなあ。

明神：あ、ありがとうございます！

(1) 代表社員の住所変更

代表社員が引越しをして住所が変わった場合は、変更登記が必要になります。

変更登記に必要な書類は資料6－4の通りです。

資料6－4 合同会社の変更登記申請に必要となる書類（代表社員の住所変更）

No.	書 類 名
1	合同会社変更登記申請書

代表社員の住所は定款にも記載されているので、定款の内容もあわせて変更します。変更した定款は、法務局に提出する必要はありません。変更後は自社で保管します。

・登録免許税：1万円
　資本金の額が1億円を超える場合は3万円
・提出期限：変更の事由が発生してから2週間以内
※ 住所変更を証明する住民票や印鑑証明などは不要。

結婚などによる氏名の変更も、同時に行えます。変更内容によっては、同時に変更することで1つの変更登記申請書で済ませることができるので、費用を抑えることができます。

(2)　商号の変更

商号を変更する場合は、代表社員１人の決定では行えません。原則、社員全員の同意が必要です。

まずは、同意書を作成する前に、新しく変更する商号と同一または類似する商号が既に存在していないか調べておきましょう（商号調査）。同一の住所地に同一の商号を用いることは禁止されています。

変更登記に必要な申請書は資料６－５の通りです。

資料6－5　合同会社の変更登記申請に必要となる書類（商号の変更）

No.	書　類　名
1	合同会社変更登記申請書
2	総社員の同意書

・登録免許税：３万円
・提出期限：変更の事由が発生してから２週間以内

商号の変更に伴い、法人の実印も変更が必要です。新しい印鑑を作成のうえ、印鑑登録も忘れずに行いましょう。印鑑届出書と代表社員の印鑑証明書をあわせて準備しておきましょう。

また、商号の変更と一緒に、事業目的も見直しましょう。１つの変更登記申請書で同時に行うことができるので、追加の費用が発生しません。

(3) 本店の住所変更

法務局のWebサイトで、移転前の住所と移転先の住所を管轄する法務局を調べる必要があります。管轄の法務局が変わる場合は、登録免許税が2倍になります。

ア）同一管轄内の法務局の場合

変更登記に必要な申請書は、資料6－6の通りです。

資料6－6　合同会社の本店移転登記申請に必要となる書類（同一管轄内）

No.	書類名	備考
1	合同会社本店移転登記申請書	
2	総社員の同意書	定款変更をする場合に必要／定款により別段の定めが可能
3	業務執行社員の過半数の一致があったことを証する書面	
4	定款	定款変更が必要な場合で、総社員の同意書（No.2）に代えて業務執行社員の過半数の一致があったことを証する書面（No.3）を添付するとき等に必要

・登録免許税：3万円
・提出期限：変更の事由が発生してから2週間以内

イ）別の管轄の法務局の場合

変更登記に必要な申請書は、資料6－7の通りです。

資料6－7　合同会社の本店移転登記申請に必要となる書類（別の管轄）

No.	書　類　名	備　　考
1	合同会社本店移転登記申請書	
2	総社員の同意書	
3	業務執行社員の過半数の一致があったことを証する書面	
4	定款	定款変更が必要な場合で、総社員の同意書（No.2）に代えて業務執行社員の過半数の一致があったことを証する書面（No.3）を添付するとき等に必要
5	合同会社本店移転登記申請書	

旧本店所在地を管轄する法務局用（**No.1～4**）と、新本店所在地を管轄する法務局用（**No.5**）の2セットを作成します。提出は、旧本店所在地を管轄する法務局にまとめて行います。新本店所在地を管轄する法務局には印鑑登録のやり直しをするため、印鑑届書と印鑑カード交付申請書が必要になります。

・登録免許税：6万円
※　旧本店所在地と新本店所在地の法務局に各3万円ずつ。
・提出期限：変更の事由が発生してから2週間以内

(4) 社員の変更

合同会社の場合、出資と経営が一致している点に注意する必要があります[6-11]。

ア）社員を追加

①新たに出資してもらう場合（増資あり）

資本金が増加することになるので、資本金の増額手続が必要になります。

変更登記に必要な申請書は、資料6－8の通りです。

資料6－8　合同会社の変更登記申請に必要となる書類（社員の変更・増資あり）

No.	書類名	備考
1	合同会社変更登記申請書	
2	総社員の同意書	
3	出資に係る払込み又は給付があったことを証する書面	
4	業務執行社員の過半数の一致があったことを証する書面	
5	資本金の額の計上に関する証明書	金銭のみの払込みの場合は添付不要

6－11　なお、令和4年10月3日施行の金融商品取引法2条に規定する定義に関する内閣政令の一部改正により、合同会社の業務執行社員の者（従業員や使用人）が、その合同会社の社員権を販売勧誘する場合には、金融商品取引業の登録が必要。

資料6－9　総社員の同意書

同意書

1．下記の者が次のとおり金銭を出資し、有限責任社員として当会社に加入すること。加入社員の氏名、住所、出資の目的、価格、履行した部分及び責任は以下のとおり。

有限責任社員○○○○

○県○市○町○番○号　金○○万円全部履行

1．定款第○条中、有限責任社員明神まりえの次に次の1号を加えること

金○○万円 ○県○市○町○番○号 有限責任社員○○○○

1．定款第○条を次のように改める。

第○条　社員○○○○は、業務執行社員とし、当会社の業務を執行するものとする。

以上同意する。

令和6年○月○日

合同会社明神商店

代表社員　明神謙太郎

社員　明神まりえ

加入社員　○○○○

資料6－10　出資に係る払込み又は給付があったことを証する書面

証明書

有限責任社員○○○○の出資部分については以下のとおり、全額の払込みがあったことを証明します。

払込みを受けた金額

有限責任社員○○○○につき金○○万円

令和6年○月○日

合同会社明神商店

代表社員　明神謙太郎

資料6－11　業務執行社員の過半数の一致があったことを証する書面

決定書

1．増加すべき資本金の額は、金○○万円とする。

以上のとおり業務執行社員2名中全員の一致を得たので、この決定書を作成し、各社員が記名押印する。

令和6年○月○日

合同会社明神商店
社員　明神謙太郎　㊞
社員　明神まりえ　㊞

資料6－12　変更登記申請書

合同会社変更登記申請書

1．会社法人等番号　0000－00－000000

　フリガナ　ミョウジンショウテン
1．商　　号　合同会社明神商店

1．本　　店　千葉県船橋市岩本町一丁目2番19号

1．登記の事由　資本金の額の変更
　業務執行社員の加入

1．登記すべき事項
　別紙のとおりの内容をオンラインにより提出済み

1．課税標準金額　金 ○○万円

1．登録免許税　金 4万円

1．添付書類

・総社員の同意書　1通
・出資に係る払込み又は給付があったことを証する書面　1通
・増加すべき資本金の額につき業務執行社員の過半数の一致があったことを証する書面　1通

上記のとおり登記の申請をします。

令和6年○月○日

千葉県船橋市岩本町一丁目2番19号
申請人　合同会社明神商店

○県○市○町○丁目○番○号
代表社員　明神謙太郎　㊞

連絡先の電話番号　XXX－XXX－XXXX

○○法務局○○支局　御中

・登録免許税：4万円～
※　資本金額変更の登記の登録免許税として「資本金の額の1000分の7の金額」（ただしこの額が3万円に満たない場合は3万円）＋業務執行社員の加入の登記の登録免許税として1万円（資本金の額が1億円を超える場合は3万円）
・提出期限：変更の事由が発生してから2週間以内

②持分の譲受けによる加入（増資なし）

増資がない場合は、総社員の同意書が必要です。

変更登記に必要な申請書は、資料６－13の通りです。

資料6－13　合同会社の変更登記申請に必要となる書類（社員の変更・増資なし）

No.	書　類　名
1	合同会社変更登記申請書
2	総社員の同意書

・登録免許税：１万円
資本金の額が１億円を超える場合は３万円
・提出期限：変更の事由が発生してから２週間以内

イ）社員が退社

①会社に残る社員または新たに加わる社員に持分をすべて譲渡する場合

資本金の総額に変更が生じないため、社員の変更登記手続のみでかまいません。

変更登記に必要な申請書は、資料６－14の通りです。

資料6－14　合同会社の変更登記申請に必要となる書類（社員の退社・持分譲渡）

No.	書　類　名
1	合同会社変更登記申請書
2	総社員の同意書

・登録免許税：１万円
　　　　　　資本金の額が１億円を超える場合は３万円
・提出期限：事案が発生してから２週間以内

②退社する社員に出資の持分を払い戻す場合

資本金が減ることになるので、資本金額の減少の手続が必要です。

また、債権者保護手続（１か月以上の間、官報による公告と債権者に対しては個別に通知催告）が必要になります。

・公告費用：掲載する行数によって金額が異なる
・登録免許税：４万円
　　※　資本金額変更の登記の登録免許税として３万円＋業務執行社員の退社の登記の登録免許税として１万円（資本金の額が１億円を超える場合は３万円）
・提出期限：変更の事由が発生してから２週間以内

(5)　合同会社から株式会社への変更

合同会社から株式会社に変更する場合、まずは組織変更計画書を作成します。その後、社員全員の同意を得る必要があります。

また、債権者保護手続（１か月以上の間、官報による公告と債権者に対しては個別に通知催告）も必要になります。一定期間の間に債権者から異議申立てがなかった場合は承認されたものとみなします。

その後、本店所在地を管轄する法務局に登記申請を行います。

変更登記に必要な申請書は、資料6－15の通りです。

資料6－15　合同会社の組織変更に必要となる書類

No.	書類名	備考
1	合同会社の組織変更による株式会社の設立登記申請書	
2	株式会社の定款	
3	組織変更計画書	
4	組織変更計画に関する総社員の同意書	
5	代表取締役の選定に関する書面	
6	取締役、代表取締役及び監査役の就任承諾書	
7	本人確認証明書	住民票記載事項証明書、運転免許証のコピー（裏面もコピーし、本人が原本と相違ない旨を記載して署名または記名したもの）
8	公告及び催告をしたことを証する書面	官報および知れている債権者に対する催告書の控え等が該当。官報の他に定款の定めに従い、日刊新聞紙または電子公告で公告をした場合には催告を省略可能
9	登録免許税法施行規則第12条第4項の規定に関する証明書	
10	合同会社組織変更による解散登記申請書	

・公告費用：掲載する行数によって金額が異なる
・登録免許税：6万円～
　※　合同会社組織変更による解散の登記の登録免許税として3万円＋株式会社の設立の登記の登録免許税として「資本金の額の1000分の1.5の金額」。組織変更に伴い資本金を増資する場合は、増資した金額の1000分の7の金額を加算（ただしこの額が3万円に満たない場合は3万円）。
・提出期限：変更の事由が発生してから2週間以内

(6)　異動届出書の提出

代表者の変更、商号または名称の変更、事業目的の変更、本店の住所変更、資本金額の変更、事業年度の変更、法人区分の変更等をした場合、税務署と都道府県税事務所と市町村役場に異動届出書をすみやかに提出する必要があります。

第4節 経営に関するいろいろ

明神：浅岡さん、いろいろとサポートありがとうございました！

浅岡：いやいや、かわいい後輩のためだからな。

明神：助かります！　今後も定期的に相談したいので、正式に顧問となってほしいんですけど……。

浅岡：もちろん相談してくれてもかまわないけど……。経営者が相談できる場所があるから、そっちも紹介しておこう。

明神：そんなところがあるんですか？

浅岡：よろず支援拠点っていうのがあるんだ。

明神：よろず支援拠点？

浅岡：経営の相談を無料で受けられる相談窓口で、全国どの都道府県にもあるんだよ。

明神　それはいいですね！

浅岡　経験豊富な中小企業診断士や経営に関わる専門家がいるから、困っていることを相談できるぞ。

明神　そういう機関があるなんて知りませんでした。

浅岡　よろず支援拠点以外にも、経営の相談窓口はいくつかあるから、事業が苦しくなったり、大変なことになる前にぜひ思い出してほしい。

明神　わかりました！

浅岡　相談だけでなく、実行支援をサポートしてくれる場合もある。

明神　誰でも相談できるというのは心強いです。

浅岡：うん、会社経営していると順調なときばかりじゃない。どうしても上手くいかないことだってある。そんなとき、1人で悩まずに相談してみるといい。

明神：OKです！

(1) 経営相談

当然ですが、合同会社の設立がゴールではありません。健全な経営をする（しっかりと利益を出すこと）ことが、自分にとっても顧客や社会にとっても重要なことです。

いざ、自分が法人の経営者であるともなると、意外と身近な人に気軽には相談しづらくなるものです。「こんなことも知らないの？」「頼りないな」と思われるのでは、とむやみに友人に聞いたりもできません。

しかし、事業を始めたばかりの時期は、わからないことがあって当然です。そのまま手探りで成り行き経営するほど危ないものはありません。

そんなときは、ぜひ経営の専門家に相談しましょう。

ア）よろず支援拠点

全国の中小企業・小規模事業者のために、国が設置した無料経営相談所です。全国の自治体に各1か所設置されています。

常駐する専門家は、中小企業診断士を中心に、最近ではITやマーケティングの専門家がサポートしてくれるところもあります。

よろず支援拠点のWebサイト[6-12]から、所在の拠点を探してみましょう。事前に電話で問合せをしてからの訪問がおすすめです。

イ）商工会、商工会議所

言わずと知れた、企業の頼れる場所です。地域によって商工会または商工会議所と名称が異なりますが、その地域の企業を支援するという大きな役割はほぼ同じです。

その特徴は、次の通りです。

・補助金・助成金の情報が集約されている
・起業塾やセミナーなどが開催されている
・専門家の相談が受けられる
・異業種交流会など、地域の他企業とつながりが持てる

これらは会員限定のサービスもあれば、入会しなくても受けられるものあったり、無料のもの・有料のもの、会員は減額されるものがあったりと、地域によってさまざまです。また、上記のサービスをすべて提供されているとも限りませんし、独自で特色を出して新たな取組みをしている場所もあります。

まずは、地域の商工会・商工会議所を一度訪ねてみてください。事前に電話などで連絡すると、よりスムーズに相談が受けられますし、オープンな場なので、フラッと訪ねることも可能です。最初の窓口となってくれる「経営指導員」という職員の方が必ずいるので、そちらで無料相談をしてみてはいかがでしょう。

6－12　https://yorozu.smrj.go.jp/

コラム

いろいろおトク？　特定創業支援事業

各地域では創業塾や経営相談窓口が設けられています。それらが特定創業支援事業に当たる場合、受講もしくは相談をして手続き後、証明書が発行されればさまざまな特典が受けられます。

代表的なものとしては、法人設立時の登録免許税が減額（合同会社の場合６万円→３万円）されたり、創業融資の条件が優遇されたりするなどです。個人事業主として既に創業していても、創業から５年が経過していなければ適用されます。登記時に節約できるのが大きなメリットになるので、法人設立を検討し始めたら、早めに創業地・創業予定地の市区町村の窓口（産業振興課やそれに近い名称）または、商工会・商工会議所に尋ねてみましょう。

(2) 士業の活用

事業をスタートすると、専門的でわからないことがいろいろと出てくるものです。1つひとつ勉強しながら進めていくと、どうしても時間がかかってしまいます。それによって、本業のビジネススピードが遅くなってしまっては、せっかくの機会を逃しかねません。

そんなときに、あなたの強い味方になってくれるのが、各分野のスペシャリストたちです。

事業のコアな部分に集中し、それ以外の部分はその分野の専門家にアウトソーシングするのも、事業スピードを早くする1つの方法です。

ここでは、各分野のスペシャリストをピックアップします。

ア）中小企業診断士

【専門分野】経営全般の相談、創業支援、補助金申請など

中小企業診断士は、経営に関する専門家です。中小企業の経営課題に対応するための診断・助言を行います。企業の成長戦略の策定について専門的知識をもってアドバイスします。策定した成長戦略を実行するに当たって具体的な経営計画の立案をサポートし、その実績やその後の経営環境の変化を踏まえた支援も行います。

イ）税理士

【専門分野】税務相談、決算書の作成など

税理士は、税に関する専門家です。税務書類を作成し、税務上のアドバイスを行います。税額の計算、税法上の処理について相談に応じ、納税者に代わって、確定申告書、相続税申告書、青色申告承認申請書、その他税務署などに提出する書類を作成します。

ウ）社会保険労務士

【専門分野】人事労務の相談、各種保険手続など

社会保険労務士（社労士）は、人材に関する専門家です。労働社会保険諸法令に基づく申請書や帳簿書類などの作成や、労務のアドバイスを行います。企業における採用から退職までの労働・社会保険に関する諸問題や、年金の相談に応じるなど、業務内容は広範囲に及びます。たとえば、従業員を雇用したときの、助成金の申請書作成および行政機関への提出を行います。

エ）弁理士

【専門分野】特許、商標の相談、知的財産権の手続など

弁理士は、知的財産に関する専門家です。特許権、実用新案権、意匠権、商標権などの知的財産権を取得したい人のために、代理で手続を行います。知的財産権の取得についての相談をはじめ、自社製品を模倣されたときの対策、他社の権利を侵害していないかなどの相談まで、知的財産全般についてアドバイスを行います。

オ）弁護士

【専門分野】法律相談、交渉や示談など

弁護士は、法律に関する専門家です。法廷活動、紛争予防活動、人権擁護活動、立法や制度の運用改善に関与する活動、企業や地方公共団体などの組織内での活動など、社会生活のあらゆる分野で活動しています。法律の専門家として、適切な予防方法や対処方法、解決策のアドバイスを行います。

カ）司法書士

【専門分野】会社の登記手続、簡易裁判所における訴額140万円以下の訴訟など

司法書士は、登記に関する専門家です。不動産登記・会社の登

記・供託の手続代理、裁判所・検察庁・法務局への提出書類の作成、簡易裁判所における訴訟・調停・和解等の代理、法律相談、企業法務、成年後見事務、多重債務者の救済、消費者教育など多岐にわたり、法的解決のためのアドバイスを行います。

キ）行政書士

【専門分野】書類の作成、相談など

行政書士は、書類に関する専門家です。官公署（各省庁、都道府県庁、市・区役所、町・村役場、警察署など）に提出する許認可などの申請書類の作成、提出手続代理や遺言書などの権利義務、事実証明および契約書の作成、行政不服申立手続代理などを行います。作成可能な書類は１万種類を超えるともいわれています。

専門家ごとに協会および連合会が存在しています。詳しくは各協会のWebサイト[6-13]を参照してください。

6－13　・一般社団法人中小企業診断協会（https://www.j-smeca.jp/）
・日本税理士会連合会（https://www.nichizeiren.or.jp/）
・全国社会保険労務士会連合会（https://www.shakaihokenroumushi.jp/）
・日本弁理士会（https://www.jpaa.or.jp/）
・日本弁護士連合会（https://www.nichibenren.or.jp/）
・日本司法書士会連合会（https://www.shiho-shoshi.or.jp/）
・日本行政書士会連合会（https://www.gyosei.or.jp/）

コラム

Webサイトを簡単に作る方法

自分の会社をつくったのだから、Webサイトもこだわりたいですよね。しかし、プログラミングはわからないし、どうやって作ればいいの？と悩む方も多いのではないでしょうか。業者に頼むとなると、安くても数十万円、高ければ100万円近くかかってしまうこともあります。

スタートアップのタイミングで、Webサイトにあまりお金をかけられない場合におすすめなのが、クラウド型のWebサイト作成ツールです。ツールの購入やパソコンへのインストールの必要はなく、インターネットにつながるパソコンさえあれば、すぐにWebサイトを作ることができます。

まずは、無料のアカウントで、実際に自分で作れるかを試してみたうえで、有料のプランに切り替えてスタートできるので、失敗する心配がなく、気軽に始めることができます。HTMLなどプログラミングの知識も必要ありません。テンプレートの中から、自分のイメージにあうものを選択して、あとは、好きなようにパーツを配置して編集でき、はじめてでも簡単にWebサイトを作成することが可能です。

Webサイト作成ツールにはいろいろとありますが、JimdoやAmeba Ownd、Wixなどが有名です。

エピローグ

明神が設立した新しい会社はその後もいくつかのトラブルに直面しましたが、持ちまえの頑張りと妻まりえの協力で、なんとか乗り越えることができました。事業も少しずつ軌道に乗り始め、気が付けば会社設立から１年が経っていました。

明神：会社をつくってもう1年が経ったんだなあ。

まりえ：なんだかあっという間だったわね。

明神：初めはわからないことだらけで不安だったけど、浅岡さんやまりえに助けてもらって、何とかやってこれたよ。本当に感謝してる。ありがとう！

まりえ：どういたしまして。でも、謙ちゃんが急に会社をつくるって言い出したとき、本当はちょっと不安だったのよ。

明神：そうだったのか。てっきり気持ちよく背中を押してくれたんだと思っていたけど……。

まりえ：そうね。応援したいって気持ちの方が大きかったのかもしれない。それに、会社をつくるなんてめったに経験できることじゃないから、チャレンジしてみたいって思ったの。

明神：たしかに、実際会社をつくってみないとわからない、苦労や面白さがあったよ。やりたいことをかなえるためには、待ってるだけじゃダメなんだって実感したよ。

まりえ：思い切って一歩踏み出して本当によかったわね！

明神：うん。そうだね。でもまだやりたいことはいっぱいあるんだ。これからもよろしく頼むね！

これをもって、明神謙太郎の会社設立の物語は終わりです。

最後までお付き合いいただきありがとうございました。

経営は波乱万丈です。きっと明神にはこれからもさまざまな苦労や困難が待ち受けていることでしょう。しかし、それらを乗り越え会社が成長していくことに、経営の醍醐味もまたあるのです。

浅岡は言いました。

「人生にチャンスはそう何度もあるもんじゃない。軽々しい判断はよくないが、機会は見極めるべきだと俺は思うぞ。」

次はあなたの番です。

心配は御無用です。さまざまな公的機関や士業の専門家が、あなたの起業を助けてくれます。

もしあなたが「機会」が訪れていると感じたのであれば、一度じっくり合同会社の設立を考えてみませんか？

索　引

著者略歴

石原《いしはら》 一志《かずし》（第1章リーダー、ストーリー編集担当）

京都大学大学院情報学研究科修了後、通信会社に勤務。中小企業診断士。通販事業向けデータマーケティング、リテール企業を対象としたエリアコンサルティング、データビジネスの新規事業立上げ等を経て、現在はファッションECの事業運営と顧客分析に従事。

松島《まつしま》 達規《たつのり》（第1章担当）

東京学芸大学教育学部卒業。中小企業診断士、ファイナンシャルプランナー（AFP）、公認モチベーションマネージャー（Advanced）。働く人へのモチベーションアップの方策に取り組む傍ら、金融機関にて中小企業への支援を行った経験を活かし、資金繰り改善や創業計画・事業計画の策定に関する支援を行っている。

森若《もりわか》 壽英《かずよし》（第1章、ストーリー編集担当）

東北大学大学院理学研究科物理学修士課程修了後、自動車部品メーカーに勤務。2018年に広島で中小企業診断士として独立。現在は企業研修や事業承継、企業再生等に携わり、中小企業のビジョン達成に向けた支援を行っている。

横井《よこい》 ゆきえ（第1章、ストーリー編集担当）

椙山女学園大学生活科学部食品栄養学科卒業後、管理栄養士として内科クリニックに勤務。社会保険労務士、中小企業診断士の資格を取得し2019年に独立。生活習慣病の栄養指導に従事した経験を活かし、企業の健康経営をサポートしている。

伊藤《いとう》 伸幸《のぶゆき》（第2章担当）

関西大学社会学部社会学科卒業。中小企業診断士、2級FP技能士（AFP）。精密機器メーカーにおいて、経営企画や事業企画などの企画業務やOEM販売などのマーケティング業務に幅広く従事している。

小澤《おざわ》 朋道《ともみち》（第2章リーダー）

中小企業診断士、合同会社ろじノ考業 代表。IT業界で20年20件以上の案件を担当し、プロジェクトマネージャとして蓄積した経験をもとにIT導入支援、業務改善など企業支援を行なう。「人しかできない価値を産み、より良い明日を創り出す」を理念に合同会社設立。

依田《よた》 忠《ただし》（第2章担当）

国士舘大学政経学部経営学科卒業。中小企業診断士、ITコーディネータ、ISMS審査員補。システム開発会社を経て、コンサルタントとして中小企業の経営改善に携わる。主に経営改善やIT戦略策定、情報セキュリティ支援等を行っている。

直井《なおい》 幸大《こうだい》（第3章リーダー）

東京理科大学工学部工業化学科卒業。中小企業診断士、税理士試験簿記論、財務諸表論科目合格、ネットワークスペシャリスト、2級FP技能士。外資系ITサービス企業で小売業界向けのITシステム営業に従事。PHP研究所「THE21」などで投資、相続関連記事を執筆。製造業、訪問介護業、商店街振興組合の経営支援を経験。

百中《ももなか》 さおり（第3章担当）

早稲田大学文学研究科修士課程修了。中小企業診断士、応用情報技術者。旅行代理店で法人営業・企画に従事。中小企業の創業、展示会出展、BCP策定などの支援も行っている。

安野《やすの》 元人《もとひと》（第3章担当）

横浜国立大学大学院経営学専攻修了。中小企業診断士、情報処理技術者（プロジェクトマネージャ）、産業カウンセラー。大手衣料チェーンを経て、大手通信企業にてシステム開発やコンタクトセンター運営のプロジェクトマネージャに従事している。

山田《やまだ》 隆司《たかし》（第3章担当）

名古屋商科大学大学院経営学修士修了、中小企業診断士、OracleMaster Platinum、BMIA認定コンサル等。前職ではシステム開発全般とトヨタ関連子会社でデータベース設計を経験。現在は独立して社員の成長で輝く企業を支援するため、経営改善等の支援を行っている。

志村《しむら》 昌子《まさこ》（第4章リーダー）

神奈川大学外国語学部卒業、中小企業診断士。電子部品メーカーでサプライチェーンマネージメントおよび生産計画に従事している。

諸岡《もろおか》 宏一《こういち》（第4章担当）

立命館大学経営学部卒業。中小企業診断士、日本証券アナリスト協会認定アナリスト。中小企業支援機関に勤務。成長志向の中小企業に対して、資本政策面を中心に長期的視点での成長施策・事業承継支援、経営戦略助言を行っている。

上出《かみで》 和紗《かずさ》（第5章担当）

千葉大学工学部物質工学科卒業。中小企業診断士、上級システムアドミニストレータ、応用情報技術者。出版流通企業に勤務し、データサイエンティストとしてクライアントのマーケティング戦略立案を支援。

木村《きむら》 祐介《ゆうすけ》（統括サブリーダー、第5章リーダー）

早稲田大学法学部卒。ネット配信企業にて経理職に従事。SI企業、アパレル小売などで財務・経理職を経験し、現在に至る。2015年に中小企業診断士として登録。工事業、製造業、教育事業、商店街支援などのコンサルティングを経験。

徳山《とくやま》 至宏《よしひろ》（第5章担当）

中央学院大学商学部商学科卒業。中小企業診断士。20年間アミューズメント業界で、店長、代表取締役を歴任。携わった店は伝説の繁盛店として業界の脚光を浴びた。経営者経験があるコンサルタントとして、サービス業を中心に経営者の心情を理解した指導を行う。現在は商工団体の経営指導員として、数多くの創業、融資、事業承継に携わっている。

吉田《よしだ》 英之《ひでゆき》（第5章担当）

明治大学商学部商学科卒業。中小企業診断士。大手商社系SIerでネットワーク設計・構築業務に従事した後、フリーランスエンジニアとして独立。データセンターを中心としたネットワーク環境の維持に日々取り組んでいる。

野竿《のざお》 健悟《けんご》（統括リーダー、はじめに（初版）、第6章リーダー）

大阪産業大学工学部情報システム工学科卒業。中小企業診断士、応用情報技術者。ITサービス会社でシステム開発に従事した後、2019年に独立。中小企業に対して、創業、資金調達、経営改善などの支援を行っている。

野田《のだ》 敦士《あつし》（第6章担当）

大阪工業大学工学部経営工学科卒業、法政大学経営大学院修了。中小企業診断士、ITコーディネータ。中小企業のIT導入支援・業務プロセスの設計に携わる。RPAツールを用いた業務自動化の支援を行っている。

山本《やまもと》 利映《としえ》（第6章担当）

関西大学社会学部産業心理学専攻卒業。中小企業診断士、ダイバーシティ・コンサルタント。経営者に寄り添った事業相談・創業支援のほか、新人研修や管理職研修、働き方改革セミナー登壇などの講師活動を行っている。

友田《ともだ》 純平《じゅんぺい》（法務監修）

立教大学法学部卒。司法書士・中小企業診断士。会社の事業承継のパートナーになりたいと思い、中小企業診断士の資格を取得。会社の設立などを含めたスタートアップの支援にも取り組んでいる。

藤本《ふじもと》 江里子《えりこ》（税務会計監修）

税理士、中小企業診断士、多摩大学大学院MBA客員教授。立命館大学文学部卒業、立命館大学大学院法学研究科修了。会計事務所、コンサルティング会社等での勤務を経て、現在は新宿総合会計事務所にて中小企業へのコンサルティングや、執筆活動を行う。

福田《ふくだ》 裕史《ゆうじ》（労務監修）

早稲田大学政治経済学部卒。特定社会保険労務士・中小企業診断士。都市銀行に勤務。スタートアップ企業への伴走型経営支援、中小企業の資金調達支援を中心に活動している。

堀切《ほりきり》 研一《けんいち》（プロジェクト責任者）

獨協大学外国語学部英語学科卒業。中小企業診断士。株式会社プロデューサー・ハウス代表取締役。中小企業診断士向けの講座「取材の学校」等を運営。取材・執筆のコーディネート実績は約2,100本（2023年3月現在）。

「合同会社まるごとわかる本」プロジェクトチーム

合同会社に関するノウハウを有した士業（中小企業診断士、税理士、司法書士、社会保険労務士）24名で結成された執筆チーム。実際に自身の合同会社を立ち上げたメンバーも参加。各人の実務経験に基づく、わかりやすい解説を心がけた。

■お問合せ
株式会社プロデューサー・ハウス
代表取締役 堀切研一
所在地 〒150-0043 東京都渋谷区道玄坂2-16-8
ビジネスヴィップ渋谷・道玄坂坂本ビル7階B室
主な業務：
・取材、執筆の受託（取材の匠）
・中小企業診断士向け講座の運営（取材の学校）
・「ママ力（りょく）レンタル」～子育てママが働く事業
・地域活性化支援
・法人向け研修事業
・経営ゲーム「ビズストーム」関東支部としての運営 等
・その他研修事業

■イラスト
石原佳那

合同会社　設立・登記・運営が
まるごとわかる本　第2版

令和元年11月30日　初版発行
令和５年４月30日　２版初版
令和６年３月１日　２版２刷

日本法令®

検印省略

〒101-0032
東京都千代田区岩本町１丁目２番19号
https://www.horei.co.jp/

著　　者　「合同会社まるごとわかる本」プロジェクトチーム
発 行 者　青　木　健　次
編 集 者　岩　倉　春　光
印 刷 所　日 本 ハ イ コ ム
製 本 所　国　宝　社

（営　業）　TEL　03-6858-6967　　Eメール　syuppan@horei.co.jp
（通　販）　TEL　03-6858-6966　　Eメール　book.order@horei.co.jp
（編　集）　FAX　03-6858-6957　　Eメール　tankoubon@horei.co.jp

（オンラインショップ）　https://www.horei.co.jp/iec/
（お 詫 び と 訂 正）　https://www.horei.co.jp/book/owabi.shtml
（書 籍 の 追 加 情 報）　https://www.horei.co.jp/book/osirasebook.shtml

※万一、本書の内容に誤記等が判明した場合には、上記「お詫びと訂正」に最新情報を掲載しております。ホームページに掲載されていない内容につきましては、FAXまたはEメールで編集までお問合せください。

ISBN 978-4-539-72966-3